**Reiseführer**

W0045413

Französische Atlantikküste

von Jonas Fieder

 ADAC Top Tipps

Das müssen Sie gesehen haben!
Die zehn Top Tipps bringen Sie
zu den absoluten Highlights.

 ADAC Empfehlungen

Unterwegs gut beraten: Diese
25 ausgesuchten Empfehlungen
machen Ihren Urlaub perfekt.

Preise für ein DZ mit Frühstück:
€ | bis 100 €
€€ | bis 150 €
€€€ | ab 150 €

Preise für ein Hauptgericht:
€ | bis 10 €
€€ | bis 15 €
€€€ | ab 15 €

■ Intro

■ ADAC Quickfinder

Hier finden Sie die Orte, Sehenswürdigkeiten und Attraktionen, die perfekt zu Ihnen passen.

■ Unterwegs

*Zu diesen Orten und Sehens-
würdigkeiten finden Sie Detailkarten
im Innenteil des Reiseführers.*

■ Service

Französische Atlantikküste
von A–Z 124

Umschlag:

ADAC Top Tipps: Vordere
Umschlagklappe, innen ❶

ADAC Empfehlungen: Hintere
Umschlagklappe, innen ❷

Übersichtskarte Nord: Vordere
Umschlagklappe, innen ❸
Übersichtskarte Süd: Hintere
Umschlagklappe, innen ❹
Stadtplan Bordeaux: Hintere
Umschlagklappe, außen ❺
Ein Tag in Bordeaux: Vordere
Umschlagklappe, außen ❻

Sandstrände ohne Ende ... und doch so facettenreich

An der französischen Atlantikküste lässt sich weit mehr unternehmen, als nur Sandburgen bauen

Im 19. Jh. wurde in Biarritz der therapeutische Nutzen des Badens entdeckt

Für ihre Atlantikküste zwischen der Île de Noirmoutier westlich von Nantes und dem französischen Baskenland, das im Südwesten an Spanien grenzt, haben die Franzosen schwärmerische Bezeichnungen ersonnen. Als »Küste des Lichts« (Côte de Lumière) umschreiben sie die Strände der Vendée. In der Region Nouvelle-Aquitaine liegt für sie die Île de Ré im Zentrum der »Blumenküste« (Côte des Fleurs) und als »Wilde Küste« (Côte sauvage) erscheint ihnen die dem oft tosenden Atlantik zugewandte Uferlinie der Île d'Oléron. Als Hauptstadt der »Küste der Schönheit« (Côte de Beauté) gilt Royan. Was dann weiter südlich folgt, kennt jeder, der schon einmal mit dem Flugzeug bei klarem Wetter Frankreichs Südwesten in Richtung Spanien oder Portugal überflogen hat. Gut zu erkennen ist dann die beinahe wie mit dem Lineal gezogene, von weißen Sandstränden geprägte »Silberküste«, die sich vom Mündungstrichter der Gironde bis hinunter zum Baskenland erstreckt. Silberne Reflexe auf dem atlantischen Ozean brachten 1905 den Schriftsteller Maurice Martin auf die Idee, den markanten Abschnitt »Côte d'Argent« zu taufen. Bereits 1887

bis in kleinere und größere Städte, in weltberühmte Weinbaugebiete oder auf die alten Pilgerrouten mit ihren Meisterwerken romanischer und gotischer Architektur ist nie wirklich weit.

Kultur und Natur pur erleben

Nur knapp 60 km trennen Aquitaniens Hauptstadt Bordeaux von der Côte d'Argent. Der Besuch der eleganten Weinhandelsmetropole an der Garonne mit ihrer prachtvollen Uferpromenade, den versteckten Plätzen in der sorgsam restaurierten Altstadt und zahlreichen Kirchen und Museen ist allein schon eine Reise in Frankreichs

In der Cité du Vin lässt sich alles zum Thema Wein erfahren (unten) – dazu passen auch Austern (ganz unten)

hatte der Dichter Stéphen Liégeard der mondänen »Côte d'Azur« zu ihrem poetischen Namen verholfen.

So unterschiedlich die Assoziationen sind, die die Küstennamen hervorrufen, so abwechslungsreich sind auch die Naturräume und Sehenswürdigkeiten, die den neugierigen Besucher auch im Hinterland erwarten. Der Weg von den langen Sandstränden, kleinen Buchten oder attraktiven Küstenorten

Die Häuser von Bayonne spiegeln sich im Wasser der Nive (oben) – Die Dune du Pilat (Mitte) – St-Émilion-Wein (unten)

nur Weinliebhaber auf ihre Kosten. Ganz anders, aber nicht weniger reizvoll ist die Atmosphäre im typisch baskischen Bayonne, im mondänen Surferparadies Biarritz oder im authentischen Hafenstädtchen St-Jean-de-Luz. Auf dem Weg an die Atlantikküste liegen die für ihre romanische Architektur berühmten Landschaften des Poitou und der Saintonge. Hier sind es etwa die Kirchen Notre-Dame-la-Grande in Poitiers und die Abbaye aux Dames in Saintes an der Charente, die einst den Jakobspilgern des Mittelalters das Seelenheil in meisterlichen Bildprogrammen vorführten. Auch die spektakulär auf einem Felsvorsprung über der Gironde balancierende kleine Kapelle Ste-Radegonde gehört zu den Höhepunkten einer Reise an die französische Westküste. Eine Entdeckung

Südwesten wert. Und inmitten der ausgedehnten Weinbaugebiete des Médoc oder um das pittoreske Städtchen St-Émilion herum kommen nicht

sind ebenfalls die vielen sogenannten Bastiden, meist im Spätmittelalter symmetrisch um eine zentrale, oft quadratische Platzanlage herum entstandene Ansiedlungen, von denen Labastide d'Armagnac die noch am besten erhaltene darstellt.

Schier endlos scheinen sich die Sandstrände am Horizont für denjenigen zu verlieren, der einen der vielen meistens historischen Leuchttürme bestiegen hat und aus windiger Höhe einmalige Ausblicke genießt. Vom Leuchtturm (Phare) des Cap Ferret aus lässt sich die immense Größe der Wanderdüne von Pilat auf der Südseite des Bassin von Arcachon erkennen, während von der schmalen Plattform des Phare de la Coubre der gewaltige Mündungstrichter der Gironde zum Greifen nahe liegt. Und hoch oben auf dem Grand Phare der weit vor der Küste gelegenen Île d'Yeu kann einen

beim Blick auf die Weiten des Atlantik Richtung Neufundland das Fernweh packen. Doch auch im Inland lassen sich Naturfreunde verwöhnen, etwa vom schroffen Bergmassiv La Rhune, das sich unmittelbar hinter der baskischen Küstenfront als ideale Wanderkulisse auftürmt, oder von der Stille auf den vielen schmalen Kanälen des Marais Poitevin zwischen Poitiers und der Küste der Vendée.

Dem Meer und Traditionen verbunden

Fragt man Franzosen, was ihnen spontan zur südwestlichen Atlantikküste einfällt, dann erklingen Lobeshymnen auf die hartgesottenen Austernzüchter von Arcachon und Marennes oder auf die Weltklasse-Segler, die sich in La Rochelle und vor allem anlässlich der Regatta Vendée-Globe in Les Sables-d'Olonne tummeln. Auch die

Die Kirche von Talmont-sur-Gironde thront direkt auf den Felsenklippen

Wellenreiter der baskischen Küste um Biarritz, wo den Europäern erstmals das Surfen beigebracht wurde, kommen den generell sportbegeisterten Franzosen in den Sinn. Die Leidenschaft, die in den Landes und im Baskenland dem Stierkampf entgegengebracht wird, teilen allerdings die wenigsten.

> *Ich wohne hier an einem beinahe zu schönen Ort.*
>
> Friedrich Hölderlin (1770–1843), 1802 als Hauslehrer in Bordeaux tätig

Die Bewohner der südwestlichen Region Nouvelle-Aquitaine selbst sehen sich eher als skeptische Zeitgenossen, die alles, was aus der Hauptstadt Paris

kommt, zunächst prüfend unter die Lupe nehmen. Vielleicht sind das noch die Nachwirkungen der Jahrhunderte andauernden Zugehörigkeit zur englischen Krone oder die einst heftig gegen Frankreichs katholische Monarchen verteidigte hugenottische Gesinnung, die im Südwesten weit verbreitet war. Die am stärksten ausgeprägte Identität pflegen hingegen heute noch die französischen Basken, die im Gegensatz zu Bestrebungen beim spanischen Nachbarn, zwar auf ihre Eigenständigkeit, nicht aber auf Unabhängigkeit pochen.

Unbeschwert Urlaub machen

Dass vor allem im Juli und August Franzosen in gesteigerter Ferienlaune ihre eigene Atlantikküste im Sturm erobern, ist ihnen nicht zu verdenken.

Der Pont de pierre in Bordeaux führt malerisch über die Garonne

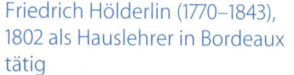

Das Angebot an Ferienunterkünften vom Campingplatz über kleine Pensionen und Hotels bis zur alteingesessenen Luxusherberge ist groß, sowohl an den Küsten als auch im Hinterland. Darum ist im Hochsommer vorheriges Reservieren angezeigt. Die Atlantikküste mit dem eigenen Auto zu entdecken bewährt sich, denn außer einem komplizierten Busnetz und der Hauptstrecke der französischen Staatsbahn zwischen Poitiers und dem Baskenland bietet der öffentliche Nahverkehr nur eingeschränkte Bewegungsfreiheit. Unabhängig motorisiert zu sein, um ein verstecktes Stückchen Sandstrand, eine romanische Kapelle oder ein abgelegenes baskisches Dorf ansteuern zu können, verspricht echtes Urlaubsfeeling in einem der schönsten Landstriche Frankreichs.

Sprachen Amtssprache ist Französisch, in vielen Küstenorten und in den meisten Hotels wird auch Englisch (seltener Deutsch) verstanden. Das Baskische versteht zwar ein Fünftel der Bevölkerung im Baskenland, es ist aber nicht als zweite Amtssprache anerkannt

Währung Euro

Fläche Nouvelle-Aquitaine 84 000 km², Pays de la Loire 32 000 km²

Größte Stadt an der Küste Bordeaux (250 000 Einwohner)

Bevölkerungsdichte 92 Einw. pro km², wobei das Département Gironde mit 115 Einw. pro km² an der Spitze liegt

Einwohnerzahl Nouvelle-Aquitaine 5,9 Mio. Einw., Pays de la Loire 3,7 Mio. Einw.

Tourismus Nouvelle-Aquitaine 27 Mio., Pays de la Loire 18 Mio. Touristen

Religion 70 % Katholiken, 5–10 % Muslime, 3 % der Franzosen sind Protestanten

Exportschlager Austern in jeder Größe und garantiert frisch

Das liebt man hier Surfen, am liebsten von morgens bis abends

Das will ich erleben

Wer an die Atlantikküste denkt, sieht kilometerlange Sandstrände und schlanke Leuchttürme. Genau das bekommt man hier geboten, aber eben noch viel mehr. Neben imposanten Naturszenerien locken auch pittoreske Häfen, mächtige Festungsanlagen und originelle Freizeitparks. Ruhe findet, wer sich auf die Inseln zurückzieht oder in romanischen Kirchen die Seele baumeln lässt. Kunstfreunden stehen die Türen zu spannenden Museen offen und kulinarische Genüsse warten in bunten Markthallen, vielleicht begleitet von einem Glas Bordeaux.

Sandstrände so weit das Auge reicht

Für viele sind die kilometerlangen Sandstrände von Lacanau-Océan der Hauptgrund, den Urlaub an der Atlantikküste zu verbringen. Bei Hossegor, wo sich vor allem die Surfer tummeln, spürt man die Gischt der tosenden Brandung auf der Haut. An der goldgelben Plage des Conches hingegen lockt eher ein Sonnenbad.

Einkaufsparadiese in Altstädten

In Bordeaux' Innenstadt wird jeder Schaufensterbummel zur Versuchung und im »goldenen Dreieck«, dem noblen Einkaufsviertel der Stadt, wird es ernst für die Kreditkarte. Bescheidener, aber mindestens ebenso verlockend sind die Auslagen in Bayonnes Altstadt, wo typisch Baskisches dominiert. In Biarritz muss man nicht sportlich sein, um den schrillen Surfer-Outfits zu erliegen.

Spektakuläre Naturkulissen

Wenn man vor der Düne von Pilat steht, packt einen erst
einmal die Angst. Bezwinge ich Europas höchste Wanderdüne? Natur pur verspricht die Fahrt in Barken auf dem
Courant d'Huchet. Eine sanfte Brise weht von der Küste
herauf, wenn sich die Zahnradbahn zu La Rhune hinauf-
schiebt und das Panorama immer spektakulärer wird.

Hafenromantik hautnah

Seglerherzen schlagen höher bei der Einfahrt in den Hafen von La Rochelle. Malerische Atmosphäre erwartet sie
an den Quais, während in St-Martin-de-Ré gediegenes
Flair mit unzähligen Bistros fast für Mittelmeerfeeling
sorgt. In St-Jean-de-Luz pulsiert das Hafenleben.

Beeindruckende Festungsanlagen

Nicht viele Besucher verirren sich in die Trutzburg des
Fort Médoc, am Gironde-Ufer von Festungsbaumeister
Vauban errichtet. Auf der anderen Flussseite ragt die ge-
waltige Zitadelle von Blaye auf. Die Handschrift Vaubans
trägt auch die Festung Brouage, die er als vielzackigen
Stern entwarf.

Erholung in spannenden Freizeitparks

Hautnah erfahrbar werden Zukunftstechnologien im Futuroscope. Im Puy du Fou entführen aufwendige Kostümspektakel ins düstere Mittelalter und in Marquèze scheint die Zeit in einem typischen Dorf der Landes im 19. Jh. stehen geblieben zu sein.

Kleine und große Inseln im Atlantik

Einst entdeckten die Mönche Inseln wie Noirmoutier oder die Île de Ré für sich. Heute erobern Urlauber sie jeden Sommer. Kleine Eilande wie die Île d'Yeu oder die Île d'Aix faszinieren durch ihre Abgeschiedenheit.

Romanische Architektur vom Feinsten

In der Ruine von La Sauve-Majeure sieht man den Himmel statt des Gewölbes. In Poitiers lässt die romanische Bilderwelt von Notre-Dame-la-Grande staunen. Ste-Radegonde liegt harmonisch proportioniert am Ufer der Gironde.

Die Vielfalt der Kunstmuseen

Wider Erwarten hat die Atlantikküste auch Museen zu bieten: Bordeaux' Museum der Schönen Künste mit Malerei oder das Musée du Nouveau Monde in La Rochelle zu alten Beziehungen zur (damals) Neuen Welt. Auf der Île d'Aix feiert ein winziges Museum Napoleons Stippvisite.

Kulinarik in historischen Markthallen

In Frankreich liegen die alten Markthallen meist mitten im Herzen der Stadt. Einst aus Backstein erbaut wie La Rochelles Marché central oder von Bäumen umgeben wie Les Halles in St-Jean-de-Luz, sind sie noch heute ein wichtiger Teil des Alltagslebens. Die Halles centrales in Les Sables-d'Olonne bestechen durch ihre Größe.

Die Welt der begehrtesten Weine

Bereits Winston Churchill und Thomas Mann wussten den kräftigen Bordeaux zu schätzen. Heute wird gehörig Kult um ihn getrieben, wie in der Cité du Vin in Bordeaux und kaum weniger auf Château Pessac bei St-Émilion oder im Médoc auf Château Pichon Baron.

Unterwegs

Der Atlantikstrand der Île de Ré ist ein Paradies für Kitesurfer. Aber neben den Naturgewalten lassen sich an Frankreichs Küste auch Kultur und französischer Lebensstil genießen

Bordeaux und das Departement Gironde

Von der Hauptstadt ist es nicht weit zu berühmten Weinlagen oder endlosen Sandstränden am Atlantik

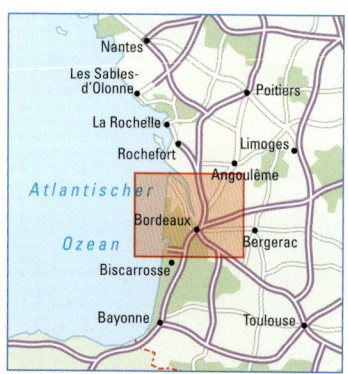

Im Departement Gironde, dem größten in Metropolitan-Frankreich, kann es keine andere Stadt an Attraktivität mit dem kulturell wie kulinarisch äußerst vielseitigen Bordeaux aufnehmen, an Größe allerdings auch nicht. Von der eleganten Stadt an der Garonne erstrecken sich die berühmten Weinbaugebiete nach Norden, Süden und Osten. In der umliegenden hügeligen Landschaft mit endlosen Reihen von Weinstöcken um St-Émilion oder im Gebiet Entre-Deux-Mers zwischen den Flüssen Garonne und Dordogne liegen mittelalterliche Abteien und pittoreske Dörfer versteckt. Westlich von Bordeaux locken die kilometerlangen Sandstrände an der schnurgeraden Côte d'Argent. Hier geht es eher ums Baden oder Austernschlürfen am Bassin von Arcachon. Richtige Urlaubsstimmung kommt an Europas höchster Wanderdüne in Pilat auf.

In diesem Kapitel:

ADAC Top Tipps:

 Bordeaux
| Stadtzentrum |
Die angesagte und pulsierende Metropole des französischen Südwestens gilt zu Recht als stolz … auf ihre Rolle als Weinhauptstadt und ihre grandiose Hafenfront an der Garonne, die zu den schönsten Frankreichs gehört. 18

 Dune du Pilat
| Naturschauspiel |
… und sie wandert langsam, aber sicher – die Dune du Pilat an der Atlantikküste bei Arcachon! Unaufhaltsam begräbt Europas größte Wanderdüne alles unter sich, was sich ihr in den Weg stellt. 36

 Cap Ferret
| Halbinsel |

Die berühmte Landspitze an der »Silberküste« bietet den schönsten Blick auf die Austernbänke am Bassin von Arcachon und auf die Wanderdüne von Pilat. 36

ADAC Empfehlungen:

 Cité du Vin, Bordeaux
| Kulturzentrum |

Das architektonische Flaggschiff widmet sich dem Wein, kein Wunder, verdankt(e) Bordeaux ihm doch den Reichtum als Handelsmetropole. 19

 Bistrot Gabriel, Bordeaux
| Restaurant |

Was zählt hier mehr, der Ausblick oder das Essen? Beides ist zumindest vom Feinsten in diesem Bistro an der Place de la Bourse. 28

 Arcachon
| Stadtzentrum |

Viel mondäner Glanz eines Seebades und noch mehr Erholung bei fast endlosen Strandspaziergängen. 35

 Lacanau-Océan
| Strand |

Nach Süden oder nach Norden? Weiße Sandstrände so weit das Auge reicht. 38

 Château Lafite-Rothschild
| Weingut |

Mit dem Namen (und dem Können) verkauft sich der rote Médoc aus dem Hause Lafite-Rothschild nördlich von Pauillac fast von selbst – an finanz-kräftige Kunden aus aller Welt. 40

 Ville d'Hiver, Arcachon
| Hotel |

Für Nostalgiker: in der Oberstadt von Arcachon im historischen Ambiente eines Wasserwerks wohnen. 43

1 Bordeaux

Frankreichs eleganteste Stadt … nach Paris natürlich!

Im Miroir d'eau spiegelt sich der Palais de la Bourse der eleganten Stadt Bordeaux

ℹ Information

■ Office de Tourisme, 12, cours du 30 Juillet, 33080 Bordeaux, Tel. 05 56 00 66 00, www.bordeaux-tourismus.de

■ Parken: siehe S. 27

Bordeaux besticht durch Lebensqualität und den nahen Atlantik

Eine überzeugende Stadtsanierung mit der Restaurierung der prächtigen Uferfront brachte Bordeaux das Weltkulturerbe-Prädikat der UNESCO ein. Große Teile der Altstadt mit ihren Platzanlagen und Straßenzügen im Viertel Triangle d'Or (goldenes Dreieck) sind jetzt für Fußgänger reserviert. Bordeaux ist so zu einer eleganten Flaniermeile geworden. Die im 3. Jh. v. Chr. von Kelten gegründete Stadt, von den Römern später »Burdigala« genannt, entwickelte sich aufgrund ihrer strategisch günstigen Lage an der Garonne durch die Jahrhunderte zum wichtigsten französischen Hafen. Drei Jahrhunderte unter englischer Herrschaft sorgten für kräftige Gewinne im Handel mit Wein, als dessen Hauptstadt Bordeaux auch heute noch gilt. Mit der Cité du Vin hat sich die Stadt ein spektakuläres Wahrzeichen geschaffen. Doch auch das Mittelalter prägte das Stadtbild

Plan
S. 20/21

 Sehenswert

 Cité du Vin

| Kulturzentrum |

*Hier feiert Bordeaux den Wein –
und sich selbst*

Ein architektonisches Aushängeschild
für die Welthauptstadt des Weins war
schon lange überfällig. Seit 2016 streckt
sich der glitzernde Bau schwungvoll
bis in 50 m Höhe in den Himmel über
dem Nordhafen. Die Formen und Ma-
terialien Glas, Metall und Holz sollen an
das Weinschwenken im Glas und Ei-
chenholzfässer erinnern. Mit Audio-
guides entdecken die Besucher an 20
verschiedenen Themenstationen die
Welt des Weines, bevor sie im Panora-
mabereich mit Blick über Bordeaux
und das nahe Médoc mit einer Weinprobe belohnt werden.

■ 1, esplanade de Pontac (Tram B oder
BatCub: Station Cité du Vin), Tel. 05 56 16
20 20, www.laciteduvin.com, 10–18, Sa/
So 10–19 Uhr, 20 €, 6–17 J. 9 €, mit Bordeaux Citypass vor 12 Uhr frei, Audio-
guide in 8 Sprachen im Preis inbegriffen

ADAC *Mobil*

Parc-Relais (P+R), im Deutschen
unter Park+Ride bekannt, sind
Parkhäuser oder -plätze, die unmittelbar an einer Tramstation liegen. Beim Kauf eines Tramtickets
gilt das später auch als Ticket beim
Verlassen des Parkhauses. Der
Service der Parc-Relais ist nur während der Betriebszeit der Trams
zugänglich, also ab ca. 5 Uhr morgens bis 1 Uhr nachts!

mit imposanten Stadttoren und zahl-
losen Kirchenbauten, unter denen die
Kathedrale St-André an Größe und
Bedeutung herausragt. Fürs leibliche
und intellektuelle Wohl der Besucher
sorgen die große Auswahl an Restaurants, Bistros und Weinbars und die
Dichte an erstklassigen Museen, deren Sammlungen die Kulturgeschich-
te bis in unsere Zeit abdecken. Ein
Bordeauxbesuch könnte im »Bauch
von Bordeaux« beginnen, wie der
Marché des Capucins in Anspielung
auf Émile Zolas Roman »Der Bauch
von Paris« (1873) genannt wird (place
des Capucins, Di–Fr 6–13, Sa/So 5.30–
14.30 Uhr).

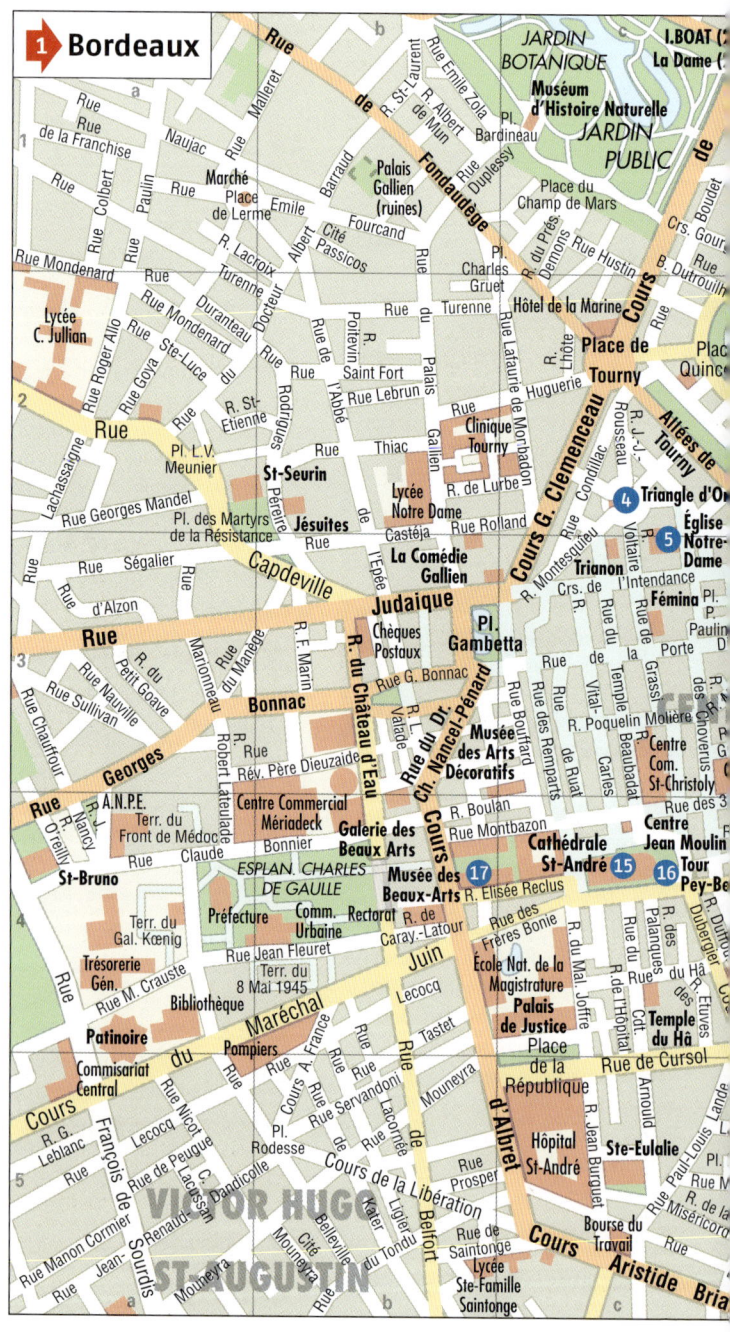

2 Musée d'Art Contemporain (CAPC)
| Museum |

Dem Museum für zeitgenössische Kunst sieht man von außen durchaus nicht an, was sich in seinem Innern verbirgt. Die gewaltigen Bögen aus Backsteinen stammen aus dem 19. Jh. Damals war das Entrepôt Lainé noch Lagerhaus für exotische Kolonialwaren. Seit 1990 wird hier die städtische Sammlung mit Werken von Keith Haring, Christian Boltanski, Sol LeWitt, Daniel Buren oder Mario Merz gezeigt. Freunde von Land, Concept und Minimal Art oder Arte Povera kommen auch auf ihre Kosten.

■ 7, rue Ferrère, Tel. 05 56 00 81 50, www.capc-bordeaux.fr, Di, Do–So 11–18, Mi 11–20 Uhr, 5 €, erm. 3 €, mit Bordeaux Citypass, 1. So im Monat (außer Juli/Aug.) und unter 18 J. frei

3 Place des Quinconces
| Platz |

Mit der Zerstörung einer mittelalterlichen Festung wurde ab 1820 Raum für den größten Platz in Frankreich geschaffen. Die in einem geometrischen Raster von fünf Punkten (Quincunx) angeordnete Baumbepflanzung bietet auch Freiflächen für Konzerte und Jahrmärkte. Blickfang aber bleibt das Monument aux Girondins, das an die in der Revolution hingerichteten Abgeordneten aus dem Departement Gironde erinnert. Hoch oben auf der zentralen Säule triumphiert die bronzene Allegorie der Freiheit.

4 Triangle d'Or
| Stadtviertel |

Die Place des Grands Hommes bildet den Mittelpunkt des Triangle d'Or, des goldenen Dreiecks, wie die Einwohner das Viertel nennen, das von Cours Clemenceau, Allées de Tourny und Cours de l'Intendance gerahmt wird. Die moderne Architektur aus Glas und Stahl in der Platzmitte stammt aus den 1990er-Jahren. Schicker geht es auf der Flanier- und Shoppingmeile Cours de l'Intendance zu. Die schmale Passage Sarget (Nr. 19), eine typische Einkaufsgalerie des 19. Jh., führt zur eleganten Place du Chapelet.

5 Église Notre-Dame
| Kirche |

Vom einstigen Konvent der Dominikaner sind nur noch die Kirche Notre-Dame und der benachbarte Hof Cour Mably, in dem oft Konzerte stattfinden, übrig geblieben. Die barocke Kirchenfassade stammt aus der Zeit um 1700 und orientiert sich am großen Vorbild des Jesuitenordens in Rom, Il Gesù. Außen erkennt man Maria, die dem Hl. Dominikus den Rosenkranz (frz. »chapelet«, daher der Platzname) reicht.

■ 1, place du Chapelet

6 Grand Théâtre
| Theater |

In Bordeaux rühmt man sich, eines der schönsten Theater der Welt zu besit-

Die Cité du Vin erschließt Besuchern die ganze Welt des Weins

zen. Eine mächtige Kolonnade mit zwölf korinthischen Säulen dient dem 1780 von Victor Louis erbauten Theaterbau, in dem Musiktheater, Schauspiel und Konzerte stattfinden, als prächtige Schauseite. Er verfügt über eine grandiose Akustik. Das prachtvolle Foyer inspirierte Charles Garnier beim Bau der Pariser Oper. Die Kuppel des Zuschauerraums, die von einem tonnenschweren Kristallleuchter von 1917 erhellt wird, zeigt Apoll und die Musen. Gegenüber dem Theater liegt das um 1800 erbaute Hôtel de Roly, in dem heute eine der Luxusherbergen von Bordeaux, das Grand Hotel, untergebracht ist.

■ Place de la Comédie, Tel. 05 56 00 85 95 (Infos und Reservierung Di–Sa 13–18.30 Uhr), www.opera-bordeaux.com, geführte Besichtigungen Mi und Sa 14.30, 16, 17.30 Uhr, Reservierung erforderlich, 6 €, unter 26 J. frei

7 Place de la Bourse
| Platz |

Die um 1735 angelegte Place de la Bourse gilt als Inbegriff der Eleganz des Klassizismus Pariser Prägung. Das Palais de la Bourse (rechts), das Hôtel des Fermes (links) und der schmale Mittelpavillon säumen den vom Hofarchitekt Ludwigs XV. Gabriel ersonnenen Königsplatz. Mitten auf der einstigen Place Royale stand bis zur Revolution ein bronzenes Reitestandbild des Königs. Der heutige Platz öffnet sich zum Fluss – ungewöhnlich für das 18. Jh., versteckten sich die Städte doch damals meist hinter Stadtmauern. Bordeaux hatte hiermit die erste offene Platzanlage Frankreichs erhalten. Seit dem 19. Jh. tänzeln drei Grazien am zentralen Brunnen, doch seit 2006 stiehlt ihnen ein städtebauliches Bravourstück die Schau, der Miroir d'eau, der Wasserspiegel. Auf poliertem Untergrund aus Granit liegt eine glatte Wasserfläche von 2 cm Höhe, die sich alle 20 Minuten in einen faszinierenden Wassernebel verwandelt.

8 Musée National des Douanes
| Museum |

Hinter der eleganten Fassade des Hôtel des Fermes verbarg sich früher ein Finanzpachtamt. Mit dem von Colbert gegründeten Amt ließ sich fast die Hälfte aller Staatseinnahmen bestreiten. Im bedeutenden Hafen Bordeaux flossen die Gelder reichlich. Eine immense Halle im Innern diente zur Lagerung zu verzollender Güter. Seit 1984 widmet sich das Nationalmuseum der Geschichte der Zollerhebung und des Schmuggels seit der Antike. Gezeigt werden Möbel, Uniformen, Karten, Modelle, Skulpturen und auch Claude Monets 1882 gemaltes Bild »Zöllnerhütte«. Eine Petroleumlampe mit der Aufschrift »Achtung Zoll« erinnert daran, dass es einmal Zollgrenzen in Europa gab.

■ 1, place de la Bourse, Tel. 09 70 27 57 66, www.musee-douanes.fr, Di–So 10–18 Uhr, 3 €, erm. 1,50 €, mit Bordeaux Citypass, 1. So im Monat und unter 18 J. frei

9 Place du Parlement
| Platz |

Der heutige Platz wurde 1760 als Place du Marché Royal geschaffen. Später wurde er zum »Platz des Parlaments«, das, nachdem die Stadt den Engländern entrissen worden war, von 1451 bis zur Französischen Revolution in Bordeaux existierte. Heute wirkt die Platzanlage mit ihren eleganten Fassaden und gleichförmigen Balkongittern wie eine Theaterkulisse.

Straßenszene mit der mittelalterlichen Grosse Cloche im Hintergrund

10 Église St-Pierre
| Kirche |

An der Stelle der Petruskirche befand sich einst der gallo-römische Hafen des antiken Burdigala. Die Verehrung von Petrus, dem Schutzpatron der Schiffer, liegt daher nahe. Die Hafenfront wurde später verlegt. Vom Kirchenbau des 15. Jh. sind nur noch Fassade und Chor im Stil der Spätgotik erhalten geblieben. Vor allem die Chorpartie der Hallenkirche ist von Licht durchflutet.

■ Place St-Pierre

11 Porte Cailhau
| Wehrturm |

Die Porte Cailhau des 15. Jh. war einst einer der Haupteingänge in die Stadt und das Tor zum heute verschwundenen Palais de l'Ombrière, dem Regierungssitz des Herzogtums Guyenne, dessen Hauptstadt Bordeaux zur Zeit der englischen Herrschaft war. Eine weiße Marmorstatue Karls VIII., die in der Revolution zerstört und 1880 ersetzt wurde, steht in einer Nische. So war das Tor also auch eine Art Triumphbogen.

■ Place du Palais, April–Okt. 10–12, 13–18 Uhr, sonst nur an Wochenenden, freier Eintritt bis zur 1. Etage, Ausstellungsräume 5 €, erm. 3,50 €, mit Bordeaux Citypass und bis 12 J. frei

12 Basilique St-Michel
| Kirche |

Die Kapellen der Seitenschiffe der spätgotischen Kirche St-Michel wurden alle von Zünften finanziert. In der Kapelle des Hl. Jakobus werden sogar die Überreste eines Jakobspilgers verehrt, der den Weg bis nach Santiago de Compostela nicht mehr schaffte. Der eigentliche Star der Michaels-

ADAC *Spartipp*

Der Bordeaux Citypass bietet freien Eintritt u. a. ins Musée d'Aquitaine, ins Musée des Beaux Arts, ins Musée d'Art Contemporain oder ins Musée des Douanes (insgesamt 20 Sehenswürdigkeiten) und auch im Umland von Bordeaux wie z. B. in St-Émilion (Felsenkirche). In Bordeaux ermöglicht er zudem die freie Benutzung der Busse (außer Airport-Shuttle), Trams und Pendelboote (BatCub). Erhältlich für 1 Tag (29 €), 2 Tage (39 €) und 3 Tage (46 €) z. B. im Office de Tourisme oder im Internet.
www.bordeaux-tourism.co.uk.

kirche ist der von den Einwohnern »Flèche« genannte, separat vom Kirchenbau stehende, 114 m hohe Turm. Seine Krypta ist berühmt, denn hier lagen bis 1990 knapp achtzig perfekt erhaltene Mumien. Heute sind die Momies de Saint-Michel offiziell auf einem anderen Friedhof beigesetzt. Seit einigen Jahren zeigt ein 8-minütiger Film ihre Geschichte. Beliebt bei Besuchern ist auch der Aufstieg auf einen der höchsten Kirchtürme Südwestfrankreichs mit grandiosem Stadtpanorama.

■ Place Canteloup, La Flèche St-Michel, April–Okt. 10–13, 14–18 Uhr, 5 €, erm. 3,50 €

13 Grosse Cloche
| Glockenspiel |

Die Porte de St-Éloi, einst Glockenturm des Rathauses des 15. Jh., wird »Grosse Cloche«, »große Glocke« genannt. Die 1775 gegossene Glocke wiegt fast 8 t und misst 2 m in Höhe und Durchmesser. Sie wurde geläutet, um den Bewohnern der Stadt den Beginn der Weinernte zu verkünden oder auch vor Bränden zu warnen. Die Grosse Cloche ist derart eng mit Bordeaux verbunden, dass sie sogar im Stadtwappen erscheint. Ihr Klang ertönt jeden ersten Sonntag im Monat.

■ 1, rue St-James

14 Musée d'Aquitaine
| Museum |

Das Museum widmet sich der Geschichte Aquitaniens von der ersten Besiedlung vor 300 000 Jahren bis heute. Gezeigt werden etwa das vor 25 000 Jahren aus einem Kalkstein geschnittene Relief einer Schwangeren, die meisterhafte Bronze eines römischen Herkules oder das Scheingrab des in Bordeaux einst als Bürgermeis-

Die Cathédrale St-André stammt in Teilen aus dem 11. Jh.

ter tätigen Humanisten Michel de Montaigne.

■ 20, cours Pasteur, www.museeaquitaine-bordeaux.fr, Di–So 11–18 Uhr, 5 €, erm. 3 €, mit Bordeaux Citypass, 1. So im Monat (außer Juli/Aug.) und unter 18 J. frei

15 Cathédrale St-André
| Kirche |

Das Hauptportal von St-André liegt im Norden. In der Hochgotik des 14. Jh. entstanden, zeigt es Abendmahl und Himmelfahrt Christi. Doch die Kathedrale ist wesentlich älter, die Mauern des Langhauses stammen bereits aus dem 11. Jh. Ein weiteres, besonders schönes Portal von 1250 führt Christus als Weltenrichter vor. Durch diese »Porte Royale« schritten schon Franz I., Kaiser Karl V. und 1615 Anna von Österreich zu ihrer Hochzeit mit Ludwig XIII. Im Inneren betritt man ein einziges breites Kirchenschiff, Überrest des romanischen Vorgängers, in dem Eleonore von Aquitanien 1137 König Ludwig VII. von Frankreich heiratete.

■ Place Pey Berland

16 Tour Pey-Berland
| Aussichtsturm |

Wie auch bei St-Michel liegt der Turm der Kathedrale getrennt vom eigentlichen Kirchenbau. Benannt nach seinem Auftraggeber, dem Erzbischof Pey Berland, wurde der Grundstein 1440 gelegt. Seine ursprüngliche Spitze zerstörte ein Orkan im 18. Jh. Seit 1863 krönt eine vergoldete Marienstatue in 60 m Höhe den Turm. Eine Aussichtsplattform ist nach 233 Stufen erreicht und bietet eine herrliche Aussicht.

■ Place Pey-Berland, www.pey-berland.fr, Okt.–Mai 10-12.30, 14–17.30, sonst

Im Musée des Beaux-Arts sind Meisterwerke der europäischen Malerei zu bewundern

10–13.15, 14–18 Uhr, 6 €, erm. 5 €, mit Bordeaux Citypass, 1. So im Monat (Nov.–Mai) und unter 26 J. frei

17 Musée des Beaux-Arts
| Museum |

Das Museum der Schönen Künste im Palais Rohan, das durch die Qualität seiner Sammlung zu den bedeutendsten, aber auch größten französischen Museen zählt, gründete Napoleon Bonaparte 1801. Bordeaux profitierte damals davon, dass Teile der staatlichen Sammlungen im Louvre auf fünfzehn Museen in der Provinz verteilt wurden. Italienische Meister von Tizian und Veronese bis Caravaggio, flämische von Rubens bis van Dyck und natürlich französische Maler des 18. Jh. wie Chardin sind zu bestaunen. Auch das 19. und 20. Jh. mit Werken von Delacroix über Corot bis hin zu Renoir, Rodin, Bonnard und Picasso sind vertreten.

■ 20, cours d'Albret, Tel. 05 56 10 20 56, place du Colonel Raynal (Galerie des Beaux-Arts für Wechselausstellungen), Tel. 05 56 96 51 60, www.musba-bordeaux.fr., Mi–Mo 11–18 Uhr, 5 €, erm. 3 €, mit Bordeaux Citypass, 1. So im Monat (außer Juli/Aug.) und unter 26 J. frei

Verkehrsmittel

Katamaran Die Stadtsilhouette einmal von der Garonne aus zu betrachten erlauben die Katamarane »Bat-Cub«, die von Quinconces oder Place de la Bourse aus die Cité du Vin in 20 Minuten ansteuern. Diese Boote fahren mindestens einmal pro Stunde.
■ Fahrpläne s. www.infotbm.com

P Parken

Die zentrumsnächsten P+R-Plätze mit Tramanschluss sind Place Ravezies-le

Bouscat (allée de Boutot, Tram C), Stalingrad (rue Letellier, Tram A, Plan S. 20/21 südöstl. f3), Galin (rue Galin, Tram A) und Brandenburg (rue J. Brunet, Tram B).

 ## Restaurants

€€ | Bistrot Gabriel Hinter den Fenstern einer weltberühmten Architektur zu speisen mit Blick auf den Miroir d'eau darf auch mal teurer sein. Es muss ja nicht gleich das Menu für 75 € im Restaurant sein, im durchgestylten Ambiente des Bistros wird die Geldbörse geschont und trotzdem hervorragend gegessen. ■ 10, place de la Bourse, Tel. 05 56 30 00 30, www.bordeaux-gabriel.fr, tgl. 12–14.30, 19.30–22.30 Uhr, Plan S. 20/21 d3

€€ | Le Noailles In diese klassische Brasserie, gegründet 1932, gehen Stammkunden wegen des Choucroute (Sauerkraut) oder auch nur für das Omelett mit Steinpilzen oder Trüffeln. ■ 12, allées Tourny, Tel. 05 56 81 94 45, www.lenoailles.fr, tgl. 9–23 Uhr, Plan S. 20/21 c2

€€€ | Le quatrième mur Fast jeder Franzose kennt den Chefkoch aus dem Fernsehen. Dort berät er gescheiterte Köche … hier in seiner Brasserie im Theater zeigt er, was er kann, aber das noble Ambiente will bezahlt sein. ■ 2, place de la Comédie, Tel. 05 56 02 49 70, www.quatrieme-mur.com, tgl. 8–23 Uhr, Plan S. 20/21 d2

 ## Einkaufen

Latitude 20 Die Weinbar der Cité du Vin führt nicht nur einheimische Weine, sondern auch solche aus beinahe 70 anderen Ländern zu gerade noch ak-

Die Brasserie Noailles verbreitet bereits seit 1932 Pariser Flair im Triangle d'Or

Im Blickpunkt

Bordeaux: der Welt teuerste Weinlagen

Das Anbaugebiet der drei typischen roten Rebsorten Merlot, Cabernet-Sauvignon und Cabernet Franc ist flach und im Gegensatz etwa zu den Steillagen des Moseltals sind hier die Trauben (der Merlot dominiert mit über 60 %) leicht zu ernten. Dennoch wird die Weinlese im Bordelais maschinell und in großem Stil betrieben, schließlich produziert das Gebiet in guten Jahren bis zu 900 Mio. Flaschen. Nur 20 % davon sind Weißweine der Sauvignon-Blanc-Traube. Die Weingüter dürfen sich hier vollmundig »Château« nennen, auch wenn bei Weitem nicht jedes wie ein Schloss aussieht. Einige dieser Châteaux sind so berühmt und die Qualität ihrer Weine wird so hoch bewertet, dass etwa eine Flasche Lafite-Rothschild des Jahrgangs 2009 mehr als 1500 € kostet. Bordeaux-Weine sind zu Anlageobjekten geworden und werden wie Aktien gehandelt. Die Besitzer renommierter Weingüter lassen sich aus Prestigegründen ihre Weinkeller von weltweit gefeierten Architekten wie Christian de Portzamparc (Cheval Blanc) oder Jean Nouvel (Château La Dominique) gestalten.

zeptablen Preisen. ■ 5, esplanade de Pontac, Mo–Fr 10.30–18.30, Sa/So bis 19.30 Uhr, Plan S. 20/21 nordöstl. e1

 Kneipen, Bars und Clubs

I. Boat Angesagte Ausgehadresse auf einem im Hafen vertäuten Schiff. Club, Bar, Snackbar, dazu Konzerte und Tanzen bis in die frühen Morgen. ■ Quai Armand Lalande (Bassin a flot n°1 nahe Cité du Vin), Tel. 05 56 10 48 35, www.iboat.eu, Konzerte 19–23, Club 23-6 Uhr, Plan S. 20/21 nordöstl. c1

La Dame Die schickere Variante des I. Boat mit Bar und Food auf einem roten Schleppkahn. Sehen und Gesehenwerden wird hier großgeschrieben. ■ Quai Armand Lalande (Bassin à flot n°1 nahe Cité du Vin), Tel. 05 57 10 20 50, Di–Sa, Plan S. 20/21 nordöstl. c1

La Plage In der größten, z.T. unter freiem Himmel betriebenen Diskothek der Stadt fällt die Wahl schwer: Auf 7000 m² kann in acht Clubs getanzt werden.

■ 40, quai du Paludate (hinter den Gleisanlagen der Gare St-Jean), Tel. 05 56 84 89 23, 0–6 Uhr, Plan S. 20/21 südöstl. f5

Latitude 20 Wer es ganz genau wissen will, ist hier gut aufgehoben. Tausende Weine aus aller Welt warten darauf, probiert zu werden. ■ 5, esplanade de Pontac (Erdgeschoss der Cité du Vin), Tel. 05 64 31 05 50, www.latitude20.fr, Plan S. 20/21 nordöstl. e1

ADAC *Mittendrin*

Alle zwei Jahre immer Ende Mai feiert Bordeaux sich selbst und seinen Fluss. Unter dem Titel **Bordeaux fête le fleuve** startet dann ein Volksfest mit Konzerten, Regatten, dem Defilee der Segelyachten und einem großen Feuerwerk am letzten Abend des einwöchigen Spektakels entlang der Ufer der Garonne. *www.bordeaux-fete-le-fleuve.com, wieder in 2019*

2 St-Émilion

Wo einst ein Eremit unterschlüpfte,
wachsen heute weltberühmte Reben

 Information

■ Le Doyenné – Place des Créneaux,
33330 Saint-Émilion, Tel. 05 57 55 28 28,
www.saint-emilion-tourisme.com

Die herrliche Lage des Ortes auf einem sonnenbeschienenen Kalkplateau scheint nicht nur die Qualität des hiesigen Weines, sondern auch den Tourismus zu fördern. Schon im 8. Jh. zog es den Eremiten Emilian an diesen Ort, um sich hier eine Klause in den Kalkuntergrund zu graben. Gläubige setzten seine Arbeit später fort und schlugen eine ganze Kirche aus dem Fels. Der Ort wurde zunächst nur von Mönchen bewohnt, doch der Weinbau war hier bereits seit der Römerzeit bekannt. Die Tradition hat sich bis heute fortgesetzt, immerhin gehören die Appellationen von St-Émilion zu den renommiertesten des Bordelais.

 Sehenswert

Église monolithe
| Kirche |

Diese vom 11. bis 13. Jh. aus dem Kalkfelsen geschlagene und somit zum Großteil unterirdische Kirche ist einzigartig in Europa. Hinein gelangt man durch ein gotisches Portal, dahinter zweigen in der Eingangshöhle Katakomben ab, in denen Tote in Nischengräbern bestattet wurden. Ganz anders dimensioniert ist die eigentliche Kirche. Der fast 40 m lange und 12 m hohe dreischiffige Raum

Gefällt Ihnen das?

Dann sollten Sie auch in die **Grottes de Matata** (S. 82) hinabsteigen und sich von der Wohnqualität dort überzeugen oder Sie erkunden die Unterwelt des edlen **Château Lafite-Rothschild** (S. 40), denn hier erwartet sie der vom berühmten Architekten Riccardo Bofill entworfene kreisrunde Weinkeller.

war einst ausgemalt, wovon nur wenig erhalten ist. Gotische Maßwerkfenster sorgen für Tageslicht. Im Rahmen einer Führung betritt man auch die Grotte des Einsiedlers Emilian, der hier von einer wundersamen Quelle getrunken haben soll.

■ Geführte Besichtigung ab place de l'Église monolithe, 9 €, 12–17 J. 6 €, mit Bordeaux Citypass frei

Église Collégiale
| Kirche |

Die Kollegiatskirche beherrscht durch ihre Größe das Bild von St-Émilion. Hiermit wollte der Augustinerorden seine Macht ausdrücken. Das einschiffige Langhaus aus dem 12. Jh. überwölben mehrere Kuppeln. Querhaus und Chor wurden in der Gotik lichtdurchflutet gestaltet und Bildhauer zeigten damals am Nordportal ihr Können. Leider ist das Weltgericht stark beschädigt worden. Lohnend ist der Weg in den Kreuzgang mit seinen kleinen, schlanken Doppelsäulen.

■ Place Pioceau oder place Pierre Meyrat

 Parken

Das Parken in der Altstadt ist so gut wie aussichtslos. Der größte Parkplatz

(gratis) befindet sich bei der Gendarmerie (Espace Gaudet) an der D 122 am nördlichen Kreisverkehr.

 ## Kneipen, Bars und Clubs

Chai Pascal »Chai« bedeutet Weinlager und bei Pascal trifft dies auch zu. Das Angebot in seiner »bar à vins« ist groß und auch der kleine Appetit zum Glas Wein kann gestillt werden. ■ 37, rue Guadet, Tel. 05 57 24 52 45, www.chai-pascal.com, tgl. 11–23 Uhr

 ## Wandern

Nur 10 km südlich von St-Émilion liegt Sainte-Terre an der Dordogne. Eine kurze Rundwanderung (6,5 km) am Flussufer bietet sich an. Einige Weinberge säumen den Weg (Infos im Office de Tourisme von St-Émilion).

In der Umgebung

Château de Pressac
| Weingut |

Die Geschichte des östlich von St-Émilion auf einem Hügel gelegenen Weinguts mit 36 Hektar Anbaufläche reicht bis ins Mittelalter zurück. Erste Weinstöcke wurden im 18. Jh. gepflanzt: Auxerrois- und Malbec-Trauben. Heute dominieren Merlot, Cabernet Franc und Cabernet Sauvignon. Auch das mittelalterliche Schloss veränderte im 19. Jh. sein Aussehen völlig. Der als Grand Cru bewertete St-Émilion-Wein, den die Familie Quenin hier seit 1997 herstellt, lässt sich bis zu 30 Jahre lagern. ■ Saint-Etienne-de-Lisse (D 243 oder D 130), Tel. 05 57 40 18 02, www.chateaudepressac.com, Besuch mit Weinprobe (11 €) nur nach Voranmeldung (Internet)

Blick auf St-Émilion mit der Église monolithe im Hintergrund

Weinreben des renommierten Weinguts Château de Pressac

Château Faugères
| Weingut |

Wie sich die Welt des Weines in einem der berühmtesten Anbaugebiete dreht, lässt sich bestens im Château Faugères erfahren. Der aktuelle Schweizer Besitzer, der millionenschwere Unternehmer und Weinliebhaber Silvio Denz, hat das Weingut 2005 erstanden und den Architekten Mario Botta mit dem Bau einer »Weinkathedrale« inmitten seiner Weinberge beauftragt, ganz dem Renommee der Grands Crus Classés des Hauses entsprechend.

■ Saint-Etienne-de-Lisse (D 130), Tel. 05 57 40 34 99, www.chateau-faugeres. com, Besuch mit Weinprobe (10 €) nur nach Voranmeldung (Internet)

Abbaye St-Maurice de Blasimon
| Abtei |

Von der Benediktinerabtei steht heute nur noch die Kirche. Ein Wachturm, der früher Teil einer Umfassungsmauer war, hat ebenfalls die Zeiten überdauert. Doch die Fassade mit einem Glockengiebel aus dem 16. Jh. ist am Portal reich verziert. Wohl um 1170 haben romanische Bildhauer die Bögen und Kapitelle mit Tier- und Jagdszenen verziert. Berühmt sind die großen Figuren, die im inneren Bogen als Engel und im vierten und fünften Bogen als Darstellungen des Kampfes der Tugenden mit den Lastern zu deuten sind.

■ An der Einmündung der D 127 in die D 17, etwa 22 km südwestl. von St-Émilion

Abbaye de la Sauve-Majeure
| Abtei |

Die Benediktinerabtei lag in einem »silva major«, Lateinisch für »großer Wald«, und eben der umfängt sie noch heute. Sie gehört zu den imposantesten Ruinen Frankreichs. Gras wächst zwischen den Kirchenschiffen und wo einst der Kreuzgang lag, rankt heute Efeu die Säulenstümpfe empor, doch die früheren Dimensionen der Kirche sind noch gut nachvollziehbar. Der achteckige Glockenturm mit seinen gotischen Öffnungen ragt immer noch stolz in die Höhe. Eine schmale Wendeltreppe führt hinauf. Besonders sehenswert sind auch die heute Wind und Wetter ausgesetzten Kapitelle. Die meisten von ihnen befinden sich in den fünf Chorkapellen und zeigen Akrobaten, Löwen oder Sirenen mit Fischkörpern und den detailliert dargestellten Sündenfall.

■ 23 km südwestlich von St-Émilion, südl. der Dordogne, 14, rue de l'abbaye, 33670 La Sauve, Tel. 05 56 23 01 55, www.abbaye-la-sauve-majeure.fr, Okt.–Mai 10–12.30, 14–17.30, Juni–Sept. 10-13.15, 14–18 Uhr, 8 €, erm. 6,50 € (mit Bordeaux Citypass), unter 26 J. frei

3 Cadillac

Hier wurde Franzosen und Hochwassern der Garonne widerstanden

 Information

■ Office de Tourisme, 2, rue du Cros, 33410 Cadillac, Tel. 05 56 62 12 92, www.cadillac-tourisme.com

Seit 1280 verstecken sich die Bewohner der Bastide von Cadillac hinter hohen Mauern. Als die Engländer den Landstrich regierten, sollte hier den feindlichen französischen Truppen ein Bollwerk entgegengesetzt werden. Doch auch die Hochwasser der Garonne bedrohten den Ort immer wieder. Davon zeugen noch heute die im südlichen, flussnahen Stadttor Porte de la Mer auf der Wand markierten Hochwasserstände von damals. Inzwischen ist es aber vor allem die mächtige Schlossanlage, die Besucher anlockt.

 Sehenswert

Château des ducs d'Épernon
| Schloss |

Auf einem Kalkplateau besetzt das Schloss des Herzogs von Épernon seit 1634 den Platz des mittelalterlichen Vorgängerbaus. Vermutet wird, dass es Heinrich IV. war, der den Herzog dazu ermutigte, sich ein Schloss im Stil des Königsschlosses in Fontainebleau zu erbauen. Wie dort herrscht auch hier strenge Symmetrie und das Innere schmücken bemalte Balkendecken »à la française« und monumentale Marmorkamine. Das Schloss diente später und noch bis 1928 als Frauengefängnis.

Das Château des ducs d'Épernon in Cadillac, das einst als Frauengefängnis diente

Im Château Deganne im Stil der Neorenaissance befindet sich heute das Casino

■ 4, place de la Libération, Tel. 05 56 62 69 58, www.chateau-cadillac.fr, Okt.–Mai 10–12.30, 14–17.30, Juni–Sept. 10–13.15, 14–18 Uhr, 6 €, erm. 5 € (mit Bordeaux Citypass), unter 26 J. frei

4 St-Macaire

Von der abgeschiedenen Einsiedelei zum florierenden Flusshafen

ℹ️ Information

■ Office de Tourisme, 8, rue du Canton, 33490 St-Macaire, Tel. 05 57 36 24 64, www.tourisme-sud-gironde.com

Der hl. Mönch Macarios soll hier Ende des 4. Jh. als Eremit gelebt haben, um das Christentum zu verbreiten. Später folgte eine Klostergründung im schon zu Römerzeiten florierenden kleinen Flusshafen an der Garonne. Vom Kloster steht heute noch die sehenswerte Kirche St-Sauveur. Der kleine Marktplatz mit seinen Arkadengängen zeugt vom Wohlstand des Ortes, obwohl der Fluss im 18. Jh. seinen Lauf änderte und den Hafen damit weiter weg lag.

Sehenswert

Église St-Sauveur
| Kirche |

Der strenge Kirchenbau besitzt nur ein Schiff, dafür aber einen sehr ungewöhnlichen Chor, den drei gleich große Apsiden kennzeichnen, die wie ein Kleeblatt angeordnet sind. Ihre Gewölbe wurden im 13. Jh. vollständig mit Malereien bedeckt, die im 19. Jh. wenig sensibel restauriert wurden und das Leben des Evangelisten Johannes und die große Christusfigur aus der Apokalypse zeigen.

5 Arcachon

 Einst Tummelplatz der Aristokraten, heute Strand der Großstädter

 Information

■ Office de Tourisme, place Lucien de Gracia, 33120 Arcachon, Tel. 05 57 52 97 97, www.arcachon.com/de

Der nahe Ozean und ein mildes Klima verhalfen dem 1857 gegründeten Arcachon zu seinem Ruf als mondänem Badeort an der französischen Atlantikküste. Vor allem die »Ville d'Été«, die »Sommerstadt« mit ihren Stränden, aber auch die höher gelegenen Quartiers der »Ville d'Hiver«, der »Winterstadt« mit ihren prachtvollen Villen, sind heute noch im Stadtbild erkennbar. Vom Observatoire oder vom maurischen Park aus lassen sich die Stadt und das Binnenmeer bis hinüber zum Cap Ferret bequem überblicken. Heute beherbergt das 1853 im Stil der Renaissance erbaute Château Deganne das für Küstenstädte obligatorische Casino.

ADAC *Mittendrin*

Wo sonst sollte man frische **Austern** probieren als direkt beim Austernzüchter (frz. »ostréiculteur«)? Und dann natürlich in der Hochburg der französischen Austernzucht, in Arcachon, z. B. im Familienbetrieb **La Cabane de l'Aiguillon**. Garantiert rutschen sie besser mit einem Glas trockenem Weißwein (boulevard Pierre Loti, Tel. 05 56 54 88 20, Mitte Juni–Sept. tgl. 11–19 Uhr).
www.lacabanedelaiguillon.com

 Sehenswert

Observatoire de Ste-Cécile
| **Aussichtspunkt** |
Eine Wendeltreppe führt hinauf zur Plattform des 1863 unter Mithilfe Gustave Eiffels konzipierten Observatoriums aus Metall, dessen filigrane Bauweise schon so manchem Orkan standgehalten hat. Aus 25 m Höhe fällt der Blick auf die Dachlandschaften der schönsten Ferienvillen der letzten beiden Jahrhunderte.
■ Passerelle Saint-Paul, passage de l'Observatoire, 8–22 Uhr

Parc Mauresque
| **Park** |
Die schicke »Ville d'Hiver« dehnt sich auf einer Anhöhe um den maurischen Park aus. Hier stand einst das 1863 aufwendig im maurischen Stil erbaute erste Casino, das 1977 einem Brand zum Opfer fiel. Elegante Villen, neogotisch oder vom Kolonialstil inspiriert, wurden hier im Schatten der Pinien errichtet und sind miteinander durch kurvenreiche Alleen verbunden, die die oft kräftigen Winde brechen halfen.

 Verkehrsmittel

Bahn Eine stressfreie Alternative zum Auto, um nach Arcachon zu gelangen, stellt die Bahn dar. Etwa halbstündig verkehren Züge ab Bordeaux-St-Jean (Fahrdauer ca. 50 Min.)

 Parken

Hier bietet sich der große Parkplatz am Bahnhof (Gare) an. Von dort ist man in wenigen Minuten am Strand.
■ 47, boulevard du General Leclerc

Restaurants

€ | Le Café de la Plage – Chez Pierre Es muss nicht das große Meeresfrüchte-Plateau sein, aber mit Blick auf Strand und Landungssteg schmeckt genau das sicher am besten. ◼ 1, boulevard Veyrier Montagnère, Tel. 05 56 22 52 94, www.cafedelaplage.com, tgl. 12–15, 19–22.30 Uhr

€ | Le Kraken Der skurrile Name sollte nicht abschrecken, denn hier kocht ein eingespieltes Paar mit Passion, Neugier und frischesten Zutaten. ◼ 55, boulevard de la Plage, Tel. 05 56 22 66 18, www.kraken-arcachon.fr, Do–Mo

 Casinos

1853 als Privatschloss für Adalbert Deganne errichtet, wurde der Prachtbau 1903 zum Casino. Nach der Zerstörung des berühmten maurischen Casinos ist das Château Deganne heute das einzige der Stadt. ◼ 163, boulevard de la Plage, Tel. 05 56 83 41 44, www.casino arcachon.com

6 Dune du Pilat

 Dieser Gigant einer Sanddüne muss erklommen werden

◼ www.dunedupilat.com/deutsch

Auf fast 3 km bäumt sie sich längs der Küstenlinie auf. Die Natur hat für Europas größte Wanderdüne 60 Mio. m³ Sand aufgehäuft. Sie hat bereits die Hundertmetermarke an Höhe überschritten, doch Wind und Wetter nagen stetig an ihr. Den Aufstieg erleichtern hölzerne Treppenstufen und wer einmal auf dem Höhengrat der Düne angekommen ist und zum Meer auf

der anderen Seite hinunterschaut, wird Sylt künftig mit anderen Augen sehen. Den Abstieg wählt jeder nach seiner Fasson. Sehr beliebt ist es, auf dem Hinterteil hinunterzurutschen.

7 Cap Ferret

 Grandioser Endpunkt eines der schönsten Strände der Küste

 Information

◼ Office de Tourisme, 1, avenue du Géneral de Gaulle, 33950 Lège-Cap Ferret, Tel. 05 56 03 94 49, www.lege-capferret.com

Im 19. Jh. waren es zunächst nur Fischer, die ärmliche Hütten auf der Halbinsel errichteten. Einige Zöllner, Förster und natürlich die Wärter des 1840 erbauten Leuchtturms gesellten sich dazu. Erst unter Napoleon III. sollte die Einrichtung von Austernzuchten die Besiedlung des Cap Ferret in Gang bringen. Der aufkommende Badetourismus erreichte das Cap damals nur per Schiff, eine Straße existierte erst seit 1930. Heute sind es vor allem Ferienvillenbesitzer aus Bordeaux, die von hier aus den atemberaubenden Blick auf die Düne von Pilat genießen.

 Sehenswert

Phare du Cap Ferret
| Leuchtturm |
Der 1840 erbaute und 50 m hohe Leuchtturm sendet sein Signal bis zu 50 km weit. Die deutschen Besatzer integrierten ihn in den Atlantikwall. Beim

Ein Blick von oben macht die Dimension der Dune du Pilat besonders deutlich

Rückzug in einer Augustnacht 1944 sprengten sie ihn. Heute können Besucher ganzjährig die 258 Stufen des 1949 neu errichteten Turms hinaufsteigen, um den Ausblick zu genießen.

■ 4, promenade Tour du Phare, Tel. 05 57 70 33 30, www.phareducapferret.com, Juli/Aug. 10–19.30, April–Juni und Sept. 10–12.30 und 14–18.30, Okt.–März Mi–So 14–17 Uhr, 6 €, 4–12 J. 4 €

Verkehrsmittel

Boot Der Weg mit dem eigenen Auto von Arcachon aufs Cap Ferret ist weit (70 km). Aber es fahren täglich Boote in knapp 30 Minuten vom zentralen Bootsanleger (Jetée Thiers) in Arcachon aus zum Cap Ferret ■ Hin und zurück 13 €, 4–12 J. 9 €, saisonabhängige Fahrpläne einsehbar unter www. bateliers-arcachon.com

8 Lacanau–Océan

 Beliebter Badeort für Sonnenanbeter und Wasserratten

i Information

■ Office de Tourisme, place de l'Europe, 33680 Lacanau, Tel. 05 56 03 21 01, www.medoc-atlantique.com, www. lacanauocean.com

Die Zeiten, in denen hier Geld mit Harzgewinnung oder Fischfang verdient wurde, sind längst Vergangenheit. Ende des 19. Jh. konnte die Anpflanzung von Bäumen die Küstenlinie stabilisieren und die Versandung des Hinterlands aufhalten, sodass dem Tourismus nichts mehr im Wege stand. Es etablierte sich ein kleines Seebad der Belle Epoque, das seit den 1950er-

Sonnenuntergang in Lacanau-Océan – ein Paradies für Surfer und Badegäste

Jahren zum Ferienziel des Massentourismus mutierte. Von einer Zubetonierung des Küstenstreifens blieb der Ort glücklicherweise verschont.

9 Soulac-sur-Mer

Der Ort war schon bei mittelalterlichen Jakobspilgern bekannt

 Information

■ Relais océanesque, 68, rue de la Plage, 33780 Soulac-sur-Mer, Tel. 05 56 09 86 61, www.medoc-atlantique.com

Charakteristisch für Soulac sind seine kleinen Häuser aus roten Ziegelsteinen. Im 12. Jh. machten viele Jakobspilger an der Benediktinerabtei von Soulac Halt. Hier galt es das vermeintliche Grab der Hl. Veronica zu verehren. Die romanische Kirche Notre-Dame-de-la-Fin-des-Terres blieb als einziger Überrest des Klosters erhalten. Erst im 19. Jh. kehrte das Leben wieder zurück und 1874 erreichte die Eisenbahn Soulac und mit ihr der Badetourismus.

 Sehenswert

Notre-Dame-de-la-Fin-des-Terres
| Kirche |

Die Größe der romanischen Kirche ist dem Ansturm von Jakobspilgern zu verdanken. Bald schon schien die Versandung des Ortes einzusetzen und so wurde der Kirchenbau seit dem 16. Jh. seinem Schicksal überlassen. Der aus dem Sand ragende Turm diente Seeleuten lange als Orientierungspunkt. Erst im 19. Jh. beschloss die Gemeinde, die Kirche wieder zugänglich zu machen. Der Bau wurde regelrecht aus dem Sand ausgegra-

ADAC *Mobil*

Es besteht eine Autofährverbindung zwischen Royan und Verdon-sur-Mer an der Spitze des Médoc. Auf dem Landweg wären hierfür über 200 km zurückzulegen. Im Sommer werden bis zu 18 Überfahrten tgl. angeboten. Die Fahrt (ca. 20 Min.) kostet ab 23 € für den Pkw und 3,30/1,60 € pro Erw./Kind. Tagesaktuelle Fahrpläne unter www.transgironde.fr/fr/transports-maritimes/89

ben, was sich leicht an der Außenfassade des Chores ablesen lässt. Hier stecken nach wie vor die unteren Mauerteile im Sandboden.
■ Rue Gallieni

10 Pauillac

Die Drehscheibe für den Weinanbau im Médoc gibt sich bescheiden

 Information

■ Maison du tourisme et du vin, La Verrerie, 33250 Pauillac, Tel. 05 56 59 03 08, www.pauillac-medoc.com

Zentrum des Weinanbaus im Médoc und ruhiger Flusshafen an der Gironde zu sein, das macht den Charme Pauillacs aus. Nördlich von Pauillac liegen an der Route du Vin (D 2) einige der nobelsten Weinadressen wie das Château Lafite-Rothschild.

 Restaurants

€ | **Le St Martin** Hier finden sich durchaus nicht nur traditionelle Gerichte aus der Küche des Südwestens wie

Enten-Confit auf den Tellern, während der Blick über die Gironde schweift.
■ 5, quai Leon Perier, Tel. 05 56 59 19 82, www.restaurant-lesaintmartin.com, Di–So 12–14, Di 19.30–21.15 Uhr

 In der Umgebung

Château Lafite-Rothschild
| Weingut |

 Einmal eintauchen in die Welt der teuren Kultweine

Die Epoche der Rothschilds begann auf diesem Weingut im 19. Jh. Doch bereits im 13. Jh. tauchte der Name Lafite auf. Seit dem 17. Jh. produziert man hier Spitzenweine. Heute führt Éric de Rothschild das Unternehmen, das auf 103 Hektar Weinstöcke kultiviert und einen runden Weinkeller besitzt, den Stararchitekt Riccardo Bofill 1987 entwarf. Die hier lagernden 2200 Fässer mit Premier Grand Cru Classé reifen somit in edlem Ambiente.

Aus diesem Hause stammen Spitzenweine: Château Lafite-Rothschild

■ An der D 2 nördlich von Pauillac, Tel. 05 56 73 18 18, www.lafite.com, Führung und Weinprobe nach Anmeldung (visites@lafite.com), tgl. 14, 15.30 Uhr (außer Sept./Okt.)

Château Pichon Baron
| Weingut |

Die Geschichte dieses Châteaus begann im 17. Jh. Der hier von Baron Raoul Pichon de Longueville produzierte Wein wurde auf der Weltausstellung 1855 mit dem Prädikat Deuxième Grand Cru Classé geadelt. Er trägt es bis heute. Das herrschaftliche Schloss im Neorenaissancestil thront bereits seit 1851 inmitten der 73 Hektar Rebflächen und schmückt auch einige Flaschenetiketten.

■ An der D 2 südlich von Pauillac, Tel. 05 56 73 17 17, www.pichonbaron.com, Führung und Weinprobe nach Anmeldung, 15 €

11 Fort Médoc

Achtung, feindliche Schiffe – auch von hier aus wurde Bordeaux verteidigt

ℹ **Information**

■ Route du Fort Médoc, 33460 Cussac Fort Médoc, Tel. 05 56 58 98 40, www.cussac-fort-medoc.fr, Feb./März 13–17, April 10–18, Mai–Sept. 10–19, Okt./Nov. 11–17 Uhr, 3 €, 5–12 J. 1 €

Das Fort, das für 300 Soldaten Platz bot, ist einer von drei Bausteinen einer Verteidigungslinie. Mit dem Fort Paté, heute eine vom französischen Militär genutzte Insel in der Gironde, und der Zitadelle von Blaye hatte Festungsarchitekt Vauban um 1690 die Verteidigung von Bordeaux organisiert. Von

Die von Vauban erbaute Zitadelle von Blaye liegt direkt an der Gironde

Norden kommende Schiffe konnten so von drei Stellen aus unter Beschuss genommen werden.

12 Citadelle de Blaye

Wunderbar erhaltene Festungsanlage mit grandiosen Aussichten

Information

■ In der Citadelle, 33390 Blaye, Tel. 05 57 42 12 09, www.tourisme-blaye.com

Seit 2008 gehört die imposante Zitadelle als Teil des Verrou Vauban (»verrou« heißt »Riegel«) zum UNESCO-Weltkulturerbe. Besucher sehen sich mit 1,5 km Mauern konfrontiert, die in großen Teilen besichtigt werden können. Die gewaltige Anlage, die 1500 Soldaten aufnehmen konnte, galt, auf ihre militärische Bedeutung verweisend, als »Stern und Schlüssel Aquitaniens«. Bei einem Rundgang lassen sich Überreste eines alten Klosters

entdecken und die Aussichtsterrasse auf der Tour des Rondes, die einen Panoramablick auf das Umland bietet.

P Parken

Direkt südlich der Zitadelle liegen am Ufer der Gironde und ihres kleinen Zuflusses Le Saugeron ausgedehnte Parkmöglichkeiten. Von hier aus gibt es einen direkten Zugang zur Zitadelle.
■ Rue Pierre Semard, 33390 Blaye

ADAC *Mobil*

Von Lamarque verkehren Autofähren über die Gironde nach Blaye, die die 80 km lange Straßenverbindung über Bordeaux vermeiden helfen. Die tgl. vier Verbindungen im Winter und bis zu zehn im Sommer dauern 15 Min. Sie kosten ab 14 € für den Pkw und 2,80 € pro Person. Tagesaktuelle Fahrpläne unter www.transgironde.fr/fr/transports-maritimes/89

Übernachten

Wie kaum anders zu erwarten, sind die Preise der Hotels in der Innenstadt von Bordeaux höher als anderswo, doch die Bandbreite unterschiedlichster Hotelkonzepte eben auch. Im gleichfalls nicht gerade kostengünstigen Arcachon mit Meerblick zu übernachten und von hier aus den Ausflug in die Metropole zu unternehmen, hat auch seinen Reiz. Kaum hat man Bordeaux verlassen, sinken die Preise etwas. Vor allem an der Küste des Médoc finden sich überwiegend Hotels, die auf reinen Badetourismus ausgelegt sind. In den Weinbergen rund um St-Émilion und zwischen Garonne und Dordogne lassen sich romantische Übernachtungsmöglichkeiten finden. Landhotels, zu denen häufig auch Weingüter gehören, garantieren Erholung fernab der Großstadt Bordeaux. Und wer auf die tägliche Abkühlung im Atlantik verzichten kann, der ist hier im Inland bestens aufgehoben.

Bordeaux 18

€ | La Cour Carrée Die Zimmer rund um einen quadratischen Hof prägt alle ein minimalistisches skandinavisches Design. Und das in einem klassisch französischen Stadthaus? Funktioniert tatsächlich. ■ 5, rue de Lurbe, Tel. 05 57 35 00 00, www.lacourcarree.com

€ | Mama Shelter Laut Selbstaussage ist das Mama Shelter ein »urbanes Refugium, ästhetisch, modern und

Das Designhotel Mama Shelter in Bordeaux lockt mit einer Dachterrasse

geistreich und dennoch menschlich, warmherzig und attraktiv«. Es gibt fünf nach Größe und Ausstattung gestaffelte Zimmerkategorien. ■ 19, rue Poquelin Molière, Tel. 05 57 30 45 45, www.mamashelter.com/de/bordeaux

€€€ | Best Western Grand Hôtel Français Näher an der Place de la Bourse lässt sich für diesen Preis kaum wohnen. Das klassisch eingerichtete Hotel ist frisch renoviert, hat aber nostalgischen Charme. ■ 12, rue du Temple, Tel. 05 56 48 10 35, www.grand-hotel-francais.com

€€€ | L'Hôtel Particulier Das stilvolle Interieur des Palais aus dem 19. Jh. in Innenstadtlage wurde in drei Zimmer und zwei Suiten umgewandelt. Die zeitgenössisch-noble Einrichtung harmoniert mit Marmorkaminen und Stuck. ■ 44, rue vital Carles, Tel. 05 57 88 28 80, www.lhotel-particulier.com

St-Émilion 30

€ | Château Fleur de Roques Das von eigenen Weinbergen umgebene

Herrenhaus, das über ein Schwimmbad, einen romantischen Hof und große Zimmer verfügt, liegt nahe bei St-Emilion. ■ Lieu dit Roques, 33570 Puisseguin (D 21), Tel. 05 57 74 55 69, www.fleurderoques.com

€€ | **Palais Cardinal** Das in Familienbesitz befindliche Hotel ist in historischen Gemäuern direkt an einem der Tore in der alten Stadtmauer gelegen. Auch ein Swimmingpool und ein Restaurant gehören dazu. ■ Place du 11 novembre 1918, Tel. 05 57 24 72 39, www.palais-cardinal.com

St-Macaire 34

€€ | **Les Feuilles d'Acanthe** Das Hotel belegt einen der schönsten Palais im historischen Ortskern, unter dessen Arkaden das dazugehörige Restaurant einheimische Küche serviert. ■ 6, rue Carnot, Tel. 05 56 62 33 75, www.hotel-saint-macaire.fr

Arcachon 35

€€ | **Grand Hotel Richelieu** Eine alte Adressen in Arcachon, genauer seit 1868, doch das familiengeführte Haus ist mit der Zeit gegangen. Das etwas altmodische Ambiente macht seinen Charme aus. ■ 185, boulevard de la Plage, Tel. 05 56 83 16 50, www.grand-hotel-richelieu.com

€€ | **Villa-Lamartine** Korrektes Hotel mit blumiger Dekoration, frisch renoviert und ideal im Zentrum, nur wenige Minuten vom Strand entfernt, gelegen. ■ 28, avenue Lamartine, Tel. 05 56 83 95 77, www.hotelvilla lamartine.com

(6) €€€ | **Ville d'Hiver** Warum nicht mal in exklusiver Atmosphäre im Liegestuhl an einem Swimming-

ADAC *Das besondere Hotel*

Wohnen in einer mit Sonnenkollektoren beheizten ehemaligen Mühle von 1780 inmitten von Feldern und Weinstöcken? Das ist in der **Moulin de la Garenne** möglich. Luxus sollte man nicht erwarten (die Duschen werden von aufgefangenem Regenwasser gespeist), aber in und um die Mühle herrscht Stille, die Blicke sind unverstellt und höchstens das Singen der Vögel sorgt für Zerstreuung. € | Trignac (40 km nordöstlich von Blaye an der D 152), 17130 Vibrac, Tel. 06 07 81 08 35, www.moulin-de-la-garenne.fr

pool ausruhen, der früher als Zisterne diente? Das alte Wasserwerk belegen heute elegante Zimmer. ■ 20, avenue Victor Hugo, Tel. 05 56 66 10 36, www.hotelvilledhiver.com

Soulac-sur-Mer 39

€ | **L'Arberet** Die Zimmer sind einfach eingerichtet, aber fast alle bieten Blick ins Grüne. Auch ein Schwimmbad gehört zum Hotel dazu. ■ 32, route de Soulac, 33930 Vendays-Montalivet, Tel. 05 56 41 71 29, www.hotel-restaurant-medoc.fr

Pauillac 39

€€ | **Château de Pomys** Es gibt nur wenige Zimmer, aber die liegen in einem Schloss, umzingelt von Weinstöcken. Gartenterrasse mit Blick in den Park. ■ Route de Poumeys, Leyssac (D 2), 33180 Saint-Estèphe, Tel. 05 56 59 73 44, www.hotelchateau pomys.com

Von Poitiers zur Côte de Lumière in der Vendée

Die alte Pilgerstadt Poitiers ist die Hochburg der Romanik. Die Vendée lockt mit sanften Landschaften, schönen Stränden und Inseln

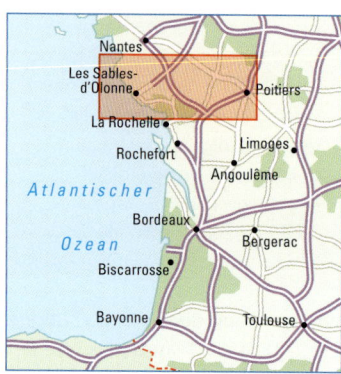

In diesem Kapitel:

Auf dem Weg ins Küstendepartement Vendée liegt weit im Inland Poitiers, heute eine beliebte Universitätsstadt, die als Hochburg der romanischen Architektur bekannt ist. Aber auch ein sensationeller Freizeitpark, das nahe gelegene Futuroscope, rechtfertigt einen Stopp auf dem Weg zum Atlantik. Seeluft meint dann schon zu spüren, wer im Sumpfgebiet des Marais Poitevin eine Ausflugsbarke besteigt. In der Vendée scheint man immer am westlichen Horizont das Meer zu sehen, so flach ist die Landschaft. Der Küstenstreifen um Les Sables-d'Olonne ist in den Sommermonaten das Ziel vieler Franzosen, die Urlaub im eigenen Land machen, das dafür Sandstrände genug bietet. Auch die Inseln Noirmoutier, bekannt für die Salzgewinnung, und die weit draußen liegende Île d'Yeu, deren Westküste vom Atlantik zerzaust wurde, sind lohnende Ziele.

ADAC Top Tipps:

Église Notre-Dame-la-Grande, Poitiers
| Kirche |
Romanik pur als großes Vorbild. Dieser Bau sollte stilbildend für die Kirchenbauten im gesamten Poitou werden. 47

Puy du Fou
| Erlebnispark |
Hier wird Geschichte wieder lebendig und ein echtes Renaissanceschloss spielt mit. 50

ADAC Empfehlungen:

Futuroscope
| Erlebnispark |
In diesem Freizeitpark multimedial in die Zukunft zu reisen, ist nichts für schwache Nerven. 50

16

8 Le Jusant, Île de Noirmoutier
| Restaurant |

Wenn schon auf einer Insel Urlaub gemacht wird, dann sollte auch hervorragend zubereiteter Fisch probiert werden. 54

9 Côte Sauvage, Île d'Yeu
| Küste |

An der Westküste der Île d'Yeu liegt nur noch der weite Atlantik vor einem, manch einer soll von hier aus schon Amerika gesehen haben. 56

10 Plage des Conches
| Strand |

Ein besonders schöner, unverbauter langer Strand bei Avrillé, bei Ebbe ideal für Standjogger. 56

11 Les Prateaux, Île de Noirmoutier
| Hotel |

In diesem Hotel mit viel Charakter und bester Insellage auf Noirmoutier kommen Naturfreunde rundum auf ihre Kosten. 63

7

13

13 Poitiers

Hier verbinden sich Vergangenheit und Zukunft

Blick auf die romanische Kirche Notre-Dame-la-Grande in Poitiers

ℹ Information

- Office de Tourisme, 45, place Charles de Gaulle, 86009 Poitiers, Tel. 05 49 41 21 24, www.ot-poitiers.fr
- Parken: siehe S. 49

Die Stadt, auf einem Plateau am Fluss Clain gelegen, ist heute eine der bedeutendsten französischen Universitätsstädte und verfügt über einen TGV-Bahnhof, von dem aus Paris in knapp eineinhalb Stunden erreicht werden kann. Die historische Hauptstadt des Poitou und Geburtsstätte von Eleonore von Aquitanien, vor deren Toren einst so entscheidende Schlachten stattfanden wie die Chlodwigs gegen den Westgoten Alarich im 6. und die Karl Martells gegen die Araber im 8. Jh., ist heute berühmt für ihre romanischen und gotischen Kirchenbauten. Die Architektur von Notre-Dame-la-Grande sollte weit über die Grenzen Poitiers hinaus Schule machen und das Baptisterium St-Jean mit seinen bedeutenden Wandmalereien gilt als das älteste noch erhaltene in Frankreich. Die imposante Kathedrale St-Pierre gehört zu den ungewöhnlichsten Bauten der französischen Gotik. Doch Poitiers ist alles andere als ein Freilichtmuseum, wofür die Studentenschar in der Stadt sorgt.

Plan
S. 49

lige Bibelszenen, darunter Christi Geburt, auf. Bei der Restaurierung wurden winzige Farbspuren gefunden. Die Schauwand muss einstmals wie ein buntes Bilderbuch gewirkt haben. Im Innern hingegen herrscht beinahe Dunkelheit, erst im Chor tauchen wieder stark verblasste Originalfarben am Chorhimmel auf.

■ 53, place Charles de Gaulle,
9–19 Uhr

② Cathédrale St-Pierre
| Kathedrale |

Am größten Kirchenbau der Stadt, der Kathedrale St. Peter aus dem 12. Jh., baute man nur 200 Jahre. Unter Eleonore noch im Stil der Spätromanik begonnen, wurde die Kirche um 1380 im hochgotischen Stil beendet, der sich gut an der Westfassade mit der Rosette und den drei Gewändeportalen ablesen lässt. Eine gewaltige Hallenkirche mit nur einem Schiff erwartet die Eintretenden. Erst vor wenigen Jahren wurden 850 m² Deckenmalereien des 13. Jh. unter dem Putz gefunden, die die Gewölbe vor allem in Rot- und Blautönen schmücken und einst von Sternen aus Blattgold begleitet wurden. Sicher eines der schönsten und ältesten Fenster christlicher Baukunst wurde in der Achse über dem Altar ausgeführt. Es zeigt die Kreuzigung und stammt vom Ende des 12. Jh. Eine der dargestellten Figuren am Fuße des Kreuzes soll Eleonore selbst sein, die vermutlich auch die »Sponsorin« war.

■ 1, rue Sainte Croix, 9–19.30, im
Winter bis 17 Uhr

● Sehenswert

① Église Notre-Dame-la-Grande
| Kirche |

Eine Fassade wie ein Bilderbuch der Heiligenlegenden

Unwillkürlich bleibt man vor der restaurierten Fassade des romanischen Paradebaus stehen, denn es gibt viel zu sehen. Ähnlich wird es den Gläubigen des Mittelalters gegangen sein, als sie zum ersten Mal Christus mit den Evangelistensymbolen sahen, der sie von der Fassade herab zu segnen scheint. Über dem Mittelportal tauchen Adam und Eva, die Propheten, der Harfe spielende David und unzäh-

❸ Église Ste-Radegonde
| Kirche |

Radegundis, im 6. Jh. in Thüringen geboren, ist Poitiers Stadtheilige. Sie starb hier 587 als Ehefrau des fränkischen Königs Chlothars I. Da sich über ihrem Grab bald Wunder ereigneten, entstanden immer neue Kirchenbauten, um die Schar der Pilger aufnehmen zu können. Der mächtige Eingangsturm stammt aus dem 11. Jh., der Rest der Kirche aus dem 12.–13. Jh. In der Krypta

Im Blickpunkt

Pilger auf dem Weg zum wahren Jakob

Das sogenannte Jakobsbuch aus dem 12. Jh. listete vier Hauptwege der Pilger durch Frankreich zum Apostelgrab auf. Die Via Turonensis führte von Paris über Tours (daher der Name) nach Poitiers und weiter durch Aulnay, Saintes, Bordeaux, Sorde l'Abbaye und Dax. Ein weiterer Hauptweg nach Santiago de Compostela durchquerte auch St-Sever, bevor sich beide Strecken im Baskenland vereinten. Ein Nebenweg führte entlang der Atlantikküste über Soulac und Bayonne. An diesen Pilgerrouten entstanden die prächtigsten Klöster, Kirchen und Hospize der Romanik. Sie dienten nicht nur dem Seelenheil, sondern waren auch wichtige Faktoren im wirtschaftlichen und kulturellen Leben der Zeit, Orte des Austauschs von Wissen und Traditionen. Heute zählen Abschnitte des französischen Jakobswegs zum Weltkulturerbe der UNESCO.

werden nach wie vor ihre Reliquien verehrt. Heute zieht vor allem der ausgemalte Chor die Besucher an. Die farbigen Kapitelle wirken sehr plastisch, auch wenn die Bemalung im 19. Jh. sehr unsensibel ausgeführt wurde.

■ Rue du Pigeon Blanc, 9–18 Uhr

❹ Baptistère St-Jean
| Kapelle |

Das Baptisterium des 4. Jh. ist wohl der älteste in Frankreich noch erhaltene christliche Bau. Ursprünglich war es Teil einer gallorömischen Villa, bevor es seit dem 5. Jh. zur frei stehenden Taufkapelle wurde. Das achteckige Bassin im Fußboden diente bis ins 8. Jh. für die Ganzkörpertaufe. Später nutzte man den Bau als einfache Kirche, die mit Fresken geschmückt wurde. Besonders gut erhalten sind die in Ocker, Weiß und Grün ausgeführten Malereien des 12. und 13. Jh. In einer Art Fries lassen sich Johannes der Täufer, Apostel und Reiter erkennen, von denen einer Kaiser Konstantin darstellen soll.

■ Rue Jean Jaurès, Mai–20. Juni Di–So 14–18, 21. Juni–Sept. 10.30–12.30, 14–18, Okt.–April Di–So 14–16 Uhr, 3 €

❺ Musée St-Croix
| Museum |

Das 1974 erbaute Museum besitzt die umfangreichste Sammlung an Kunstwerken und archäologischen Fundstücken der Region. Eine herausragende Athena-Skulptur des 1. Jh. und spätantike Sarkophage unterstreichen die Bedeutung von Poitiers in der Römerzeit. Ein perfekt erhaltenes romanisches Kapitell des 11. Jh., das einen Streit zweier Bärtiger zeigt, ist ein viel bestauntes Meisterwerk. Die Abteilung der Schönen Künste besitzt Male-

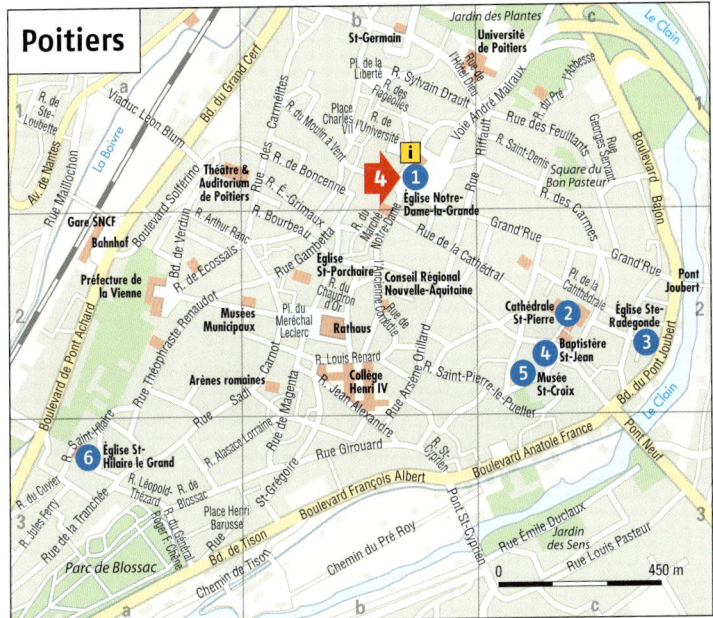

rei und Skulptur von der Renaissance bis ins 20. Jh. mit Werken von Flandrin, Moreau, aber auch Rodin, Bonnard und Mondrian.

■ 3 bis, rue Jean Jaurès, Tel. 05 49 41 07 53, Jan.–20. Juni Di–Fr 10–18, Sa/So 13–18, 21. Juni–Sept. Di 10–20, Mi–So 10–18 Uhr, 4,50 €, So 2 €

 Église St-Hilaire le Grand
| Kirche |

Die Kirche liegt an der Stelle eines früheren gallorömischen Friedhofs. Bischof Hilarius erbaute über zwei Märtyrergräbern im 4. Jh. ein erstes Oratorium, aus dem später ein Kloster hervorging. Heute ist nur noch der Chor samt Kapellen aus dem 11. Jh. erhalten, das Langhaus wurde in der Revolution zerstört und im späten 19. Jh. wieder aufgebaut. Oberhalb der düsteren Krypta, in der sich noch die Reliquien des Hilarius befinden, haben sich im Chor und an einige Pfeilern des Langhauses noch gut erkennbare Wandmalereien des 12. Jh. erhalten, die von Märtyrern erzählen.

■ 26, rue Saint Hilaire, 9–18.30 Uhr

P **Parken**

Der größte innerstädtische Parkplatz von Poitiers liegt nur wenige Gehminuten von Notre-Dame-la-Grande entfernt. ■ Parking de Notre-Dame, 4, voie Malraux, weitere Einfahrt rue de Mexico, Plan S. 49 b1

 Restaurants

€ | **La Gazette** Angesagte moderne Brasserie mit großer Auswahl und originellem Wochenend-Brunch ■ 1, rue Gambetta, www.lagazettepoitiers.com, Tel. 05 49 61 49 21, 12–14.30, 19–22.30 Uhr, Brunch Sa/So 11–15 Uhr, Plan S. 49 b2

€€ | Alain Boutin Hier wird Wert auf traditionelle Gerichte gelegt, die aber auf raffinierte Weise neu interpretiert werden. ■ 65, rue Sadi Carnot, www. alainboutin.com, Tel. 05 49 88 25 53, geschl. Mo und Sa mittags, So ganztägig, Plan S. 49 a3

 Events

Eine Laserprojektion von Licht und Farben (»polycromies«) auf die Westfassade von Notre-Dame-la-Grande findet alljährlich von Juni bis September jeweils nach Einbruch der Dunkelheit statt. Knapp 20 Min. erscheinen Architektur und Figuren so farbig, wie sie vermutlich vor 700 Jahren einmal waren. ■ www.ot-poitiers.fr

 In der Umgebung

Futuroscope
| Erlebnispark |

 Zukunftsweisendes gibt es hier mit allen Sinnen zu erleben

Der Name des Erlebnisparks verrät, dass es hier um oder besser in die Zukunft geht. Mit neuesten Medientechnologien, die früher Zukunftsmusik waren, werden die Besucher (zumindest visuell) in andere Welten gebracht. Natürlich wird Jules Verne zurate gezogen, wenn es um eine Weltreise der besonderen Art geht, und so heißt die neueste Attraktion auch »L'Extraordinaire Voyage«. Mit 3-D-Brillen geht es an Bord eines Simulators in die vierte Dimension, denn es kommen auch Gerüche, Windstöße und Kältewellen auf die Reisenden zu. An Spezialeffekten und gigantischen kugelförmigen Bildschirmen mangelt es im Futuroscope nicht. Romantiker können sich am Abend bei der aufwendigen Wasser-, Feuer- und Lichtshow des berühmten Cirque de Soleil zurücklehnen.

■ Avenue René Monory, 86360 Chasseneuil-du-Poitou (15 km nördlich von Poitiers an der A 10), Tel. 05 49 49 30 80, www.futuroscope.com, ab 45 €, Kinder 37 €, versch. Ticketpreise und Angebote im Internet

14 Puy du Fou

 Ein Erlebnispark auf Erfolgskurs: über 2 Mio. Besucher pro Jahr

■ 85590 Les Espesses (A 87, Ausfahrt 28), www.puydufou.com/de, Tel. 08 20 09 10 10 (kostenpflichtig), April–Anfang Nov., Kalender mit Öffnungszeiten im Internet, Preise ab 40 €, 29 € 5–13 J., günstigere Online-Buchungen, App »Puy du Fou – Grand Parc« für Apple und Android

Es begann 1977, als der Sohn eines Regionalpolitikers ein Gedicht über die Schlossruine des Puy-du-Fou schrieb. Damit war die Idee geboren, genau dort ein Schauspiel zur lokalen Geschichte vom Mittelalter bis zum Zweiten Weltkrieg aufzuführen. Das historische Schloss diente als imposante Kulisse. Zehn Jahre später wurde daraus der Erlebnispark Puy du Fou, der sich um rekonstruierte Dörfer des Mittelalters, des 18. und späten 19. Jh. dreht. Heute werden über 60 Attraktionen angeboten. Natürlich steht eine Mittelaltershow auf dem Programm mit Hunderten von Komparsen in authentischen Kostümen des Hundertjährigen Krieges, bei der Pferde, Falken, Eulen oder Geier genauso zum Einsatz kommen wie ausgeklügelte Pyrotechnik. Mittlerweile werden auch Wikingerangriffe, römische Wagenrennen und Tanzshows bei Nacht aufgeführt, bei denen Tausende Zuschauer auf den Rängen sitzen.

 In der Umgebung

Abbaye Notre-Dame de la Granetière

| Kloster |

Völlig abseits gelegen, versteckt sich diese seit 1979 wieder von wenigen Mönchen bewohnte Abtei am gleichnamigen Bach. Gegründet wurde sie bereits 1130 von Benediktinern, die sich später gezwungen sahen, ihre Abtei gegen Angreifer zu befestigen. Und von denen gab es unzählige seit der Zeit des Hundertjährigen Krieges. Im Zuge der Französischen Revolution wurde die Abtei aufgelöst. Heute arbeiten die Mönche am Wiederaufbau der beschädigten Gebäude. Die schön gepflegte Anlage mit Gärten und romantischem Kreuzgang macht Lust auf einen Besuch.

■ Les Herbiers, Tel. 02 51 67 21 19, www.abbayedelagrainetiere.fr, 9–17.30 Uhr, (Messe tgl. 9.30 Uhr), 2 €

15 Pouzauges

Eine stattliche Burgruine überragt dieses verschlafene Städtchen

i Information

■ 30, place de l'église, 85700 Pouzauges, Tel. 02 51 91 82 46, www.tourisme-paysdepouzauges.fr

Im Hügelland der Vendée liegt Pouzauges auf 230 m Höhe. Kaum verwunderlich, dass diese strategische Lage im Mittelalter zum Bau einer Burg

Die Mittelaltershow ist einer der Höhepunkte im Erlebnispark Puy du Fou

führte. Auftraggeber war die einflussreiche Familie von Thouars. Während der Religionskriege im 16. Jh. behauptete sich die protestantische Familie zunächst, doch der Niedergang folgte im 17. Jh. Heute dient der Burghof als öffentlicher Park, der von Mauerresten umschlossen wird. Grandiose Wandmalereien haben sich in der Kirche von Vieux-Pouzauges erhalten.

 Sehenswert

Notre-Dame-du-Vieux-Pouzauges
| Kirche |

Bis 1948 wusste niemand von den außergewöhnlichen Fresken, die auf den beiden Seitenwänden im Innern der Kirche unter Putz verborgen waren. Sie stammen aus dem frühen 12. Jh. Die Farbpalette reicht von Blau und Grün bis Tiefrot und Ocker, um den Gläubigen, die weder lesen noch schreiben konnten, biblische Szenen zu vermitteln. Auf drei kunstvoll gerahmten Registern wird von Kain und Abel, Abraham und Isaak und dem Sündenfall erzählt, aber neben Alttestamentarischem erscheinen auch detaillierte Marienszenen.

■ An der D 49, rue Louis Desnouhes

16 Île de Noirmoutier

Die Insel der Mimosen, Mönche und Zweitwohnsitze für die großen Ferien

 Information

■ Office de Tourisme, rue du Polder, 85630 Barbatre, Tel. 02 51 39 80 71, www.ile-noirmoutier.com

Dünen und Strände säumen die Insel an ihrer zum Atlantik hin offenen Westküste. Die Salzgewinnung in den aus-

Kiefernwald und Sandstrand auf der Île de Noirmoutier

gedehnten Salinen im Norden, die fast ein Drittel der Insel ausmachen, ist neben dem Tourismus die zweitwichtigste Einnahmequelle. Vom milden Klima der Insel profitieren nicht nur die hier blühenden Mimosen, auch das Frühgemüse, das von der Insel kommt, ist in ganz Frankreich bekannt, vor allem die Bonnotte, die berühmteste heimische Kartoffelsorte. Ende des 7. Jh. waren es die Mönche um den hl. Philibert, die auf Noirmoutier eine wichtige Abtei gründeten. Überfälle durch die Normannen sollten der Insel im 10. Jh. nicht erspart bleiben. Die stolze Burg in Noirmoutier-en-l'Île diente ihrer Abwehr. Nach Engländern, Holländern und Spaniern hinterließen im 20. Jh. die deutschen Besatzer die deutlichsten Spuren. Die Bunkeranlage von L'Herbaudière ist nur ein Beispiel.

Sehenswert

Château de Noirmoutier-en-l'Île
| Burg |

Im Hauptort Noirmoutier-en-l'Île ducken sich die weiß getünchten Häuser im Schatten der ebenfalls schneeweiß aufragenden Burg des 12. Jh. Ihr rechteckiger Bergfried mit den vier Ecktürmen ragt inmitten eines ummauerten Geländes 20 m in die Höhe. Ein kleines Museum dokumentiert die Geschichte der fotogenen Baumasse.

■ Place d'armes, 85330 Noirmoutier-en-l'Île, Tel. 02 51 39 10 42, Juli/Aug. 10–19, Sept., April–Juni Mi–Mo 10–12.30, 14.30–18, Okt.–März 14–18 Uhr, 4,60 €, unter 18 J. 2,50 €

Église St-Philibert
| Kirche |

Ein weiterer Überrest des Mittelalters ist die gegenüberliegende mächtige

ADAC *Spartipp*

dreischiffige Kirche St. Philibert mit ihrer düsteren Krypta aus dem 11. Jh. Hier befand sich einst das Grab des Heiligen, bevor die Mönche seine Gebeine mit auf die Flucht nahmen. Die Stelle markiert ein steinerner Baldachin.

■ 2, rue du Cheminet, 85330 Noirmoutier-en-l'Île

Plage des Dames
| Strand |

An der Küste im Nordosten der Insel reicht der Wald bis an die Plage des Dames. Vor einigen Jahren wurde hier der bei den Einheimischen inzwischen wieder sehr beliebte und weit ins Meer reichende hölzerne Anlegesteg Estacade des Dames renoviert. Er erinnert an die alten Zeiten, als hier ab 1889 Schiffe zum Festland (Pornic) abgefertigt wurden. In den 1980er-Jahren verlor er seine Funktion, weil die Schiffsverbindung eingestellt wurde. Heute wird er vor allem zum Fischen, Sonnenbaden und als Fotomotiv genutzt.

Gefällt Ihnen das?

Dann sollten Sie mal einen Blick in den gut erhaltenen **Bunker** (S. 70) mitten in La Rochelle werfen. Sie werden staunen, wie komfortabel sich die Besatzer hier eingerichtet hatten. Oder Sie schauen sich **Fort Louvois** (S. 77) an, um festzustellen, dass die Franzosen schon 200 Jahre früher eine mächtige Festung ohne Beton bauen konnten.

L'Herbaudière
| Hafen |

Im Nordwesten liegt dieser sympathische Hafen am Atlantik. Hier werden Krustentiere an Land gebracht, während Thunfisch- und Sardinenfang keine Rolle mehr spielen. Die Rückkehr der Fischer beschert dem Hafen ein buntes Treiben. Lohnend ist ein Spaziergang zur Pointe de l'Herbaudière, der nordwestlichsten Spitze der Insel. Wie ein Fels in der Brandung besetzt noch immer der Bunker Clausewitz, seit 1942 Teil des Atlantikwalls (atlantic wall.fr) der Deutschen, den felsigen Untergrund.

Marais salantes
| Salinen |

Es waren die Mönche des Mittelalters, die mit der Verwandlung von Sümpfen in Salzgärten begannen. Die Gewinnung und Vermarktung des »weißen Goldes« war ein einträgliches Geschäft. Heute ist die Insel nach der Bretagne und der Camargue der größte Salzproduzent Frankreichs. Bis zu 1500 t Salz werden heute jedes Jahr zwischen Juni und September gewonnen. In den 1980er-Jahren lagen viele Salzgärten brach, doch eine junge Generation von Salzbauern (»sauniers«) hat sie mittlerweile wiederbelebt und betreibt die Vermarktung in Kooperativen. Die Salzgärten werden von März bis November bewirtschaftet, z. B.:

■ Mounet, route de Noirmoutier (D 95), 85740 L'Épine, Tel. 06 01 71 17 50, www.seldenoirmoutier.com, Besichtigung Juli/Aug. 16 und 18 Uhr
■ Puylorson, route de l'Épine (D 38), 85680 La Guérinière, Tel. 06 33 46 60 48, 15. Juni–15. Sept. Besichtigung 16.30, Juli/Aug. auch 18 Uhr

 Verkehrsmittel

Brücke Auch wenn Noirmoutier bei Ebbe über die knapp 4 km lange Passage du Gois (D 948) zu erreichen ist, strömen doch die meisten Fahrzeuge vom Festland über die 1971 gebaute Brücke (D 38).

 Restaurants

8 **€** | **Le Jusant** Hier kann man sich bei einem Panoramablick auf die Segler im Hafenbecken von einem Cassoulet mit Meeresfrüchten überraschen lassen. ■ 4, rue Marie Lemonnier, 85330 Noirmoutier-en-l'Île, Tel. 02 51 39 71 44, www.lejusant.fr, Jan.–Nov.

 Einkaufen

Atelier du Sel Hier gibt es wirklich alles zu kaufen, was mit dem »weißen Gold« der Insel, dem Salz, zu tun hat. ■ 22, avenue de la Liberté, 85740 L'Épine, April–Okt. 9.30–13 Uhr

 Sport

Centre Équestre In der sommerlichen Hochsaison werden hier Ausritte in die

Die Personenfähre pendelt täglich zwischen dem Festland und der Île d'Yeu

Salzgärten oder zu den Stränden angeboten. Auch Anfänger im Sattel sind willkommen. Rue de Puits Namer, L'Herbaudière, 85330 Noirmoutier, Tel. 02 51 39 59 38, www.equitation-noirmoutier.fr, 9–13, 15–20 Uhr

17 Île d'Yeu

Die kleine Insel erinnert an die Bretagne, aber auch an die Kykladen …

i Information

 Office de Tourisme, rue du Marché, 85350 L'île d'Yeu, Tel. 02 51 58 32 58, www.ile-yeu.fr

Aus Granit und recht einsam, zumindest außerhalb der Sommersaison, und mit 10 km Länge und 4 km Breite überschaubar – so ließe sich die Île d'Yeu kurz charakterisieren. Aber sie hat auch herrliche lange Sandstrände an der geschützten Ostseite. Die dem Atlantik ausgesetzte Côte Sauvage, die

»wilde Küste«, fasziniert mit schroffen Klippen. Wanderer und Fahrradfahrer kommen auf ihre Kosten, denn der ungewöhnliche Leuchtturm, kleine Kapellen und eine filmreife Burgruine sind bequem erreichbar.

Sehenswert

Port Joinville
| Hafen |

Hier erreichen die Fähren vom Festland die Insel. Als der Tourismus noch nicht Einnahmequelle Nummer eins war, verdiente man hier sein Geld mit dem Thunfischfang. Das kleine Musée de la Pêche (Quai de la Chapelle) weiß davon anschaulich zu berichten. Auf dem Friedhof des Ortes liegt Marschall Pétain begraben. Vor seinem Tod hatte er die Jahre von 1945 bis 1951 im Inselgefängnis in der Zitadelle verbracht. Der Diebstahl seines Leichnams durch Rechtsextremisten im Februar 1973 brachte den einstigen Staatschef des Vichy-Regimes

Das Vieux Château auf der Île d'Yeu ist über einen Holzsteg zu erreichen

nochmal in die Schlagzeilen. Die Diebe wurden jedoch gestellt.

Plage de la Grande Conche
| Strand |

Der Gegensatz zur Cote Sauvage könnte kaum größer sein. Mit der Plage de la Grande Conche ziehen sich feine Sandstrände über mehrere Kilometer nach Norden. In den Hochsommermonaten kommen aber nur Frühaufsteher noch in den Genuss einsamer Strandidylle.

Côte Sauvage
| Küste |

9 *Hier schlägt das Herz des Küstenwanderers schneller*

Die »wilde Küste« der Île d'Yeu reicht von der nordwestlichen Pointe du But bis hinunter zur Pointe des Corbeaux. Ein rot-weiß markierter Wanderweg erleichtert die Orientierung. Einmal

am winzigen Flugplatz vorbei, gelangt man bald zur Pointe du Châtelet, die sich hinaus in den Atlantik streckt. Ein hohes steinernes Kreuz auf den gefährlichen Klippen markiert den Calvaire des Marins, das Denkmal für nicht mehr heimgekehrte Seefahrer. Die schmale Bucht mit dem kleinen Hafen Port de la Meule ist eines der beliebtesten Postkartenmotive auf Yeu. Die hier einsam auf einem Plateau liegende schneeweiße Kapelle erinnert bei strahlend blauem Himmel an die Architektur der Kykladen. In der Ferne taucht der kleine Leuchtturm auf der Landspitze Pointe des Corbeaux auf, wo die Côte Sauvage endet.

Vieux Château
| Burgruine |

Heute ist die stolze Burg an der Südwestküste der Insel, die während des

Hundertjährigen Krieges auf einem mächtigen Felsen vor der Küste errichtet wurde, über einen Holzsteg zu erreichen. Sie ist zur Besichtigung geöffnet. Von Weitem glaubt man eher, sich einer irischen oder schottischen Burgruine zu nähern, derart heftig wird die Festung vom Wasser umtost.

■ Vieux Château, April–Juni und Sept. Di, Do, Sa, So Führungen stündl. 11–13 und 14.30–16.30, Juli/Aug. tgl. jede halbe Std. 11–12.30, 15–17.30, ohne Führung nur 13.30–14.45 Uhr, 5 €, 7–16 J. 1,50 € (Kombiticket mit Grand Phare möglich)

Grand Phare
| Leuchtturm |

Dieser Leuchtturm zeigt eine eigenwillige Form. Er ist auf einem quadratischen Grundriss errichtet. Sein Vorgänger wurde 1944 zerstört und als man ihn 1951 bis auf eine Höhe von 56 m wieder erbaute, griff man zu den Formen der modernen Architektur. Gegen Eintrittsgeld darf man auch die knapp 200 Stufen bis zu seiner Spitze erklimmen.

■ Route de l'aérodrome, April–Juni und Sept. Mi, Fr 10.30–12.30 und 14–16.30, Sa/So 10.30–12.30, Juli/Aug. tgl. 10.30–12.30, 14–18 Uhr, 3,50 €, 7–16 J. 1,50 € (Kombiticket mit Vieux Château möglich)

ADAC *Mobil*

Fahrradfahren bietet sich auf der Île d'Yeu an, denn die Überfahrt mit dem eigenen Wagen ist unverhältnismäßig teuer. Fahrradverleih u. a. bei Good Bike, 2, rue Calypso, Port-Joinville, Tel. 07 82 22 89 15, www.velo-goodbike.com oder La Trottinette, 2, rue de la Chaume, Tel. 02 51 58 31 06, www.velo-trottinette.com

 Verkehrsmittel

Zwei Schiffslinien fahren ganzjährig zur Île d'Yeu vom Festland ab Port Fromentine in La Barre de Monts. Die Überfahrt dauert 30–70 Min.

■ Compagnie Yeu Continent, Tel. 02 52 32 32 32, www.yeu-continent.fr
■ Compagnie Vendéenne, Tel. 02 51 60 14 60, www.compagnie-vendeenne.com

 Restaurants

€€ | **La Meule** Hier gibt es keine Speisekarte, aber draußen steht die Tageskarte angeschrieben. Im Angebot sind viel Fisch und ein genialer Blick auf die winzige Bucht, was aber auch seinen Preis hat. ■ Port de la Meule, Tel. 02 51 59 57 32, April–Okt. 11–22 Uhr

 Kinder

Warum nicht mal die kleine Insel auf dem Rücken eines Esels (»âne«) überqueren? Schließlich mag nicht jeder (wie die meisten Eltern) gerne Wandern. Und Fahrradfahren kennt man ja bereits von zu Hause … ■ Tel. 06 12 19 72 03, Infos im Office de Tourisme

18 Les Sables-d'Olonne

Berühmt für die Vendée Globe, aber auch für seine Strandpromenade

i **Information**

■ Office de Tourisme, 1, promenade Joffre, 85100 Les Sables-d'Olonne, Tel. 02 51 96 85 85, www.lessablesdolonne-tourisme.com
■ Parken: siehe S. 59

Als geschützter Naturhafen wurde die Stadt 1218 gegründet, nachdem Mönche sich hier zuvor niedergelassen hatten. Allmählich wurde die Stadt befestigt und der Walfang wurde zwischen dem 12. und 15. Jh. zur Haupteinnahmequelle. Im 17. Jh. stieg man erfolgreich auf den Kabeljaufang um. Der Reichtum des Ortes lässt sich auch an der Kirche Notre-Dame de Bon Port und der trutzigen Tour d'Arundel ablesen. Im 19. Jh. erreichte der Badetourismus und mit ihm die Eisenbahn die Stadt. Aus dieser Zeit stammt auch die nach Pariser Vorbild entworfene, sehenswerte Markthalle.

 Sehenswert

Notre-Dame du Bon Port
| Kirche |

Die glatte Fassade der Kirche lässt die schönen Renaissanceportale zur Geltung kommen. Seltsamerweise ist das Innere in gotischen Formen gestaltet. Doch die Kirche wurde erst im Auftrag Kardinal Richelieus, der Bischof im nahen Luçon war, ab 1646 errichtet. Aus dieser Zeit stammt der barocke Hochaltar, ein sprechendes Beispiel der Gegenreformation. Der Volksglaube findet Ausdruck in den vielen Schiffsmodellen und der Seitenkapelle mit einer Marienstatue, die man um Schutz für Seeleute anflehte.

■ Rue de l'église, 9–12, 14.30–19 Uhr

Marché des Halles Centrales
| Markthalle |

Wo bis Anfang des 19. Jh. noch ein kleiner Friedhof lag, entstand um 1810 die erste Markthalle. 1890 war es die Firma Michelin, die die Errichtung einer neuen, ganz nach dem Vorbild der berühmten, 1850 von Baltard erbauten Pariser Hallen finanzierte. Die Kombination aus Backstein, viel Glas und vor allem einer filigranen Eisenkonstruktion überzeugt noch heute. Dass allerdings eine Rolltreppe im Innern zur umlaufenden ersten Etage hinaufführt, hätten die Denkmalpfleger vielleicht verbieten sollen.

■ Rue des Halles, Di–So 8–13 Uhr, tgl. Juli/Aug.

Tour d'Arundel
| Aussichtsturm |

Im 15. Jh. von den Herren des nahen Talmont am Hafeneingang erbaut,

Im Blickpunkt

Vendée Globe: ganz allein um die Welt

Am 8. November 2020 um 13.02 Uhr ist es wieder so weit: Alle vier Jahre startet die härteste Einhandregatta der Welt im Hafen von Les Sables-d'Olonne, bei der knapp 24 000 Seemeilen nonstop zurückgelegt werden müssen. Von den 30 überwiegend französischen Teilnehmern der 8. **Vendée Globe** erreichten im Januar 2017 nur 18 ihr Ziel. Die anderen mussten wegen Schäden an ihren hochtechnisierten Rennseglern oder wegen Kollisionen mit Pottwalen oder Treibgut vorzeitig aufgeben. Der Gewinner, der Franzose Armel Le Cléac'h, schaffte den gefährlichen Törn in 74 Tagen, 3 Stunden, 35 Minuten und 46 Sekunden.

Nach Pariser Vorbild erbaut: die Markthalle von Les Sables-d'Olonne

wurde die Burg samt Arundel-Turm Anfang des 17. Jh. von den Protestanten gewaltig verstärkt. Auf dem Turm wurde 1804 ein Leuchtfeuer für die Schifffahrt installiert. Von der obersten Plattform fasziniert der Panoramablick auf die Altstadt von Les Sables am gegenüberliegenden Ufer und natürlich das Meer.

◼ Place Maraud (Quartier La Chaume), April–Sept. 10–12, 15–18 Uhr, 3 € (Zugang durch das Musée de la Mer)

P Parken

Neben der Tour d'Arundel, an der Place Anselme Maraud, befindet sich ein Parkplatz. Von dort dient die Fähre Le Passeur als Verbindung zur Innenstadt (www.passagesdeau-lsdo.com). In der Stadt liegt der größte Parkplatz am Quai Dingler, der Tour d'Arundel genau gegenüber.

19 Avrillé

Dinosaurier, Piraten und Menhire – das Dorf lockt geschickt Besucher an

i Information

◼ Bureau d'information touristique, 2, place des Halles, 85440 Avrillé, Tel. 02 51 22 30 70, www.avrille85.fr

Zentral im kleinen Ort ist die einst über einem merowingischen Friedhof entstandene Place des Halles, der Marktplatz. Die schöne offene Markthalle stammt von 1858. Nur wenige Schritte entfernt ragt einer der größten Menhire der Vendée auf. An der Straße nach Les Sables d'Olonne liegt das Château de la Guignardière aus der Renaissance, dessen aktueller Besitzer einen beliebten Abenteuerpark für Kinder auf seiner Domaine angelegt hat.

Sehenswert

Menhir du Camp de César
| Menhir |

Die Sensation von Avrillé ist der über 7 m hohe Menhir du Camp de César, der ca. 85 t auf die Waage bringt. Er entging dem Schicksal vieler neolithischer Menhire, die zerschlagen und für den Hausbau verwendet wurden. Heute gehört der »Roi des Menhirs« zu den größten Frankreichs.
■ Rue Georges Clemenceau, im Garten des Bürgermeisteramtes

Dolmen de la Frebouchère
| Dolmen |

Dieser »Steintisch« ist der größte der Region mit seinen acht Tragsteinen und der gewaltigen, wohl vom Blitz gespaltenen Deckplatte (fast 100 t). Wie die meisten Dolmen war auch dieser sicher einst von einem Erdhügel bedeckt, der zu Bestattungsriten nur einen vorderen Eingang besaß. Heute kann man bequem ins Innere des 6000 Jahre alten Dolmen vordringen.
■ Von Norden kommend, kurz vor Le Bernard von der D 91 rechts abbiegen.

 Kinder

CAIRN Préhisto'site Fragen zu Menhiren und Dolmen kommen bestimmt. Auf spielerische Art wird hier Kindern die Welt des Neolithikums nähergebracht. ■ St-Hilaire-la-Forêt (D 70), Tel. 02 51 33 38 38, www.cairn-prehistoire.com, saisonale Öffnungszeiten im Internet, 5 €, 5–14 J. 4 €, Juli/Aug. 8 €, 5–14 J. 6 €
Château Aventuriers Dinosaurier und Piraten verstecken sich im weitläufigen Park des Château de la Guignardière, auch »Abenteurerschloss« genannt. Während die Kinder ihren

Spuren folgen, können ihre Eltern im historischen Schlossbau in die Welt der Renaissance eintauchen. ■ Route des Sables d'Olonne, Tel. 02 51 22 33 06, www.chateau-aventuriers.com, saisonale Öffnungszeiten im Internet

 In der Umgebung

Plage des Conches
| Strand |

10 *Allein am goldgelben Sandstrand, zumindest außerhalb der Ferien*

Der lange Strand wird durch einen Wald mit Kiefern und immergrünen Steineichen vom Hinterland abgetrennt, keine Uferpromenade stört das Bild. Er erstreckt sich mehrere Kilometer bis zur nächsten Ansiedlung Tranche-sur-Mer im Süden. Unterwegs passiert man einige Surfschulen, im Hochsommer heißt es hier Slalomlaufen zwischen den Sonnenanbetern am vielleicht schönsten Strand der Vendée.
■ Ausgeschildert ab D 105

20 Marais Poitevin

Unzählige Kanäle prägen das »Grüne Venedig«

 Information

■ Office de Tourisme, rue du docteur Daroux, 85420 Maillezais, Tel. 02 51 87 23 01, www.maraispoitevin-vendee.com

Nachdem sich das Meer zurückgezogen hatte, blieben weite Sumpfgebiete (»marais«) übrig. Schon die mittelalterlichen Mönche erkannten den Nutzen einer Trockenlegung bzw. Kanalisierung. So konnte sich hier Landwirtschaft entwickeln, gleichzeitig sorgten die drainierten Gebiete für die Bewässerung. Heute ziehen v.a. die flachen Boote, mit denen man ab Coulon oder Maillezais durch die Kanäle gleiten kann, Besucher ins Marais Poitevin.

● Sehenswert

Abbaye de Nieul-sur-l'Autise
| Abtei |

Die große Abteikirche mit dem Glockenturm (19. Jh.) ist kaum zu übersehen. Die Abtei entwickelte sich seit dem 12. Jh. zum königlichen Bau, denn Ludwig VII., Eleonore von Aquitaniens erster Ehemann, nahm sie unter königlichen Schutz. Seine Frau war hier 1122 geboren worden. Sehenswert ist der romanische Kreuzgang, aber auch die Abteikirche, deren Langhauspfeiler im Innern sich gefährlich neigen. Stützen am Außenbau geben Halt. Im Museum wird die Zeit Eleonores dank geschicktem Technikeinsatz lebendig.

■ 1, allée du Cloître, 85240 Nieul-sur-l'Autise, Tel. 02 51 53 66 66, www.sites culturels.vendee.fr/Abbaye-de-Nieul-s-l-Autise, Okt.–März Mi–Mo 10–12.30 und 14–18, April/Mai und Sept. tgl. 10–12.30, 13.30–18, Juni–Aug. 10–19 Uhr, 6 €, 18–25 J. 4 €, unter 18 J. frei

Abbaye St-Pierre de Maillezais
| Klosterruine |

Schon die Dimensionen der Ruine spiegeln die einstige Bedeutung dieser Abtei. Bereits im 11. Jh. ließen sich hier die Herzöge von Aquitanien bestatten. Schließlich stieg sie 1317 zum Bischofssitz auf. Aus der Zeit der Gotik stammen die noch erhaltene Nordwand des Langhauses und die gewaltigen Maßwerkfenster des Querhauses. Das Westwerk lässt sich besteigen und bietet Fotografen fantastische Perspektiven. Die Zerstörung der Anlage begann während der Religions-

Die Sumpflandschaft Marais Poitevin ist ideal für wunderschöne Bootfahrten

kriege und die Hugenotten konnten sie sich als Stützpunkt sichern. Im Sommer locken Aufführungen in historischen Kostümen Besucher an.

■ 85420 Maillezais, Tel. 02 51 53 66 80, www.sitesculturels.vendee.fr/Abbaye-de-Maillezais, März, Okt.–Mitte Nov. Mi–Mo 10–12.30, 14–18, April/Mai und Sept. tgl. 10–12.30, 13.30–18, Juni–Aug. 10–19 Uhr, 6 €, 18–25 J. 4 €, unter 18 J. frei

Coulon
| Hafen |

Der malerische Ort an der Sèvre Niortaise ist das Zentrum des »Grünen Venedig«. Am Flussufer legen die Barken zu den Kanälen ab. In der Maison du Marais Poitevin lassen sich Entstehung und Bedeutung des Feuchtgebiets studieren. Hier erfährt man Erstaunliches über Aale, Zugvögel oder den

Die Ruine der ehemaligen Benediktinerabtei St-Pierre de Maillezais

Bau der typischen Flachboote. Die massive Dorfkirche Ste-Trinité vereint eine seltsame Mischung aus romanischen und gotischen Elementen.

■ Maison du Marais poitevin, 5, place de la Coutume, 79510 Coulon, Tel. 05 49 35 81 04, www.maison-marais-poitevin.fr, 25. März–5. November tgl. 10–13, 14–18, Mai, Juni und Sept bis 18.30, Juli/Aug. bis 19.30 Uhr, 7 €, 6–16 J. 3,50 €

 Verkehrsmittel

Boot Bootsfahrten im Marais Poitvin sind von der Abbaye St.-Pierre de Maillezais aus und in Coulon möglich.

■ Embarcadère de l'Abbaye, Le Vieux Port, 85420 Maillezais (neben der Abbaye de Maillezais), Tel. 02 51 87 21 87, www.marais-poitevin-tourisme.com, April–Anfang Nov., April–Juni, Sept. 10–12, 14–18, Juli/Aug. 10–19, Okt. 10–12, 14–16 Uhr, ab 16 €/Pers., 1–3 Std.

■ La Trigale, 6, rue de l'Église, 79510 Coulon, Tel. 05 49 35 14 14, www.lemarais poitevin.fr, mit »batelier« (Schiffer) ab 20 €/Boot, ohne »batelier« 12 €/Pers.

Restaurants

€ | Auberge de l'Abbaye Hier wird es ernst mit den Spezialitäten des Marais, denn auf der Karte stehen Aal, Froschschenkel und Schnecken. ■ Impasse du Petit Versailles, 85420 Maillezais, Tel. 02 51 87 25 07, http://restaurant-marais-poitevin.fr, März–Nov. Di–So 12–14, Fr/Sa auch 19.30–21 Uhr

€€ | Le Central Tiefenentspannt vom Bootsausflug wieder zurückgekehrt, kann man sich in diesem gediegenen Restaurant verwöhnen lassen. ■ 4, rue d'Autremont, 79510 Coulon, Tel. 05 49 35 90 20, www.hotel-lecentral-coulon.com, Di–So mittags 12–13.30, 19.45–21 Uhr

Übernachten

Die Auswahl an Hotels ist in Poitiers nicht übermäßig. Eine große Hoteldichte bietet hingegen der erfolgreiche Themenpark Futuroscope. In den Dörfern und kleinen Städten des Marais Poitevin überwiegen kleine, familiäre Hotels, die häufig auch eine gute Küche bieten. Die touristische Infrastruktur nimmt stetig zu, je näher man der Atlantikküste kommt. So gibt es in Les Sables-d'Olonne Angebote für jeden Geldbeutel, während auf der Île de Noirmoutier und der Île d'Yeu die Preise höher liegen.

Poitiers 46

€ | **Hotel de l'Europe** Unweit der Fußgängerzone liegt das Hotel in einem renovierten Altbau, dessen Charme bewahrt wurde. Die Zimmer sind elegant in gedeckten Farben gehalten. ■ 39, rue Carnot, 86000 Poitiers, Tel. 05 49 88 12 00, www.hotel-europe-poitiers.com

€€ | **Grand Hotel** Das Hotel in der Fußgängerzone ist großzügig um einen Innenhof herum angelegt. Auch bei der Zimmergröße machen sich die vier Sterne des Hauses durchaus bemerkbar. ■ 28, rue Carnot, 86000 Poitiers, Tel. 05 49 60 90 60, www.grandhotelpoitiers.fr

Île de Noirmoutier 52

€ | **Hotel des Dunes** Sehr korrektes Hotel mit einigen frisch renovierten Zimmern, die Blick aufs Meer bieten. ■ 6, rue de la Tresson, 85680 La Guérinière, Tel. 02 51 39 82 77, www.hoteldesdunesnoirmoutier.com

(11) €€ | **Les Prateaux** Dieses Hotel ist idyllisch im Wald gelegen und ist doch nur zwei Minuten vom Strand entfernt. Von außen ist es im Landhausstil gehalten, die Zimmer

sind jedoch modern und zweckmäßig eingerichtet. ■ Bois de la Chaize, 8, allée du Tambourin, 85330 Noirmoutier-en-l'Île, Tel. 02 51 39 12 52, www.lesprateaux.com

Île d'Yeu 55

€ | **Atlantic** Das Hotel ist genau an der Hafenfront und kurioserweise auch direkt über einem Fischgeschäft gelegen. Für authentische Atmosphäre ist also gesorgt. ■ Quai Carnot, 85350 Port Joinville, Tel. 02 51 58 38 80, www.hotel-yeu.com

Les Sables-d'Olonne 57

€ | **Arc en Ciel** Der Name ist Konzept, das »Regenbogen«-Hotel präsentiert sich poppig bunt, die Zimmer sind nach Themen eingerichtet. Frühstück gibt es im Jugendstilsaal. ■ 13, rue Chanzy, 85100 Les Sables-d'Olonne, Tel. 02 51 96 92 50, www.arcencielhotel.com

€ | **Les Roches Noires** Südlich des Zentrums an der Uferpromenade gelegen, bietet dieses Hotel Zimmer mit Meerblick. ■ 12, promenade Georges Clemenceau, 85100 Les Sables-d'Olonne, Tel. 02 51 32 71, www.hotel-lesrochesnoires.com

Charente-Maritime – Land der Austern und Festungen

Die Île de Ré, Île d'Oléron und Île d'Aix bieten Inselfreuden und an Land locken La Rochelle, Saintes oder Rochefort mit viel Flair

Wie Bordeaux in der Gironde ist La Rochelle die bevölkerungs- und abwechslungsreichste Stadt im Departement Charente-Maritime. Als Tor zur exklusiven Île de Ré mit den Festungsbauten Vaubans fasziniert La Rochelle durch einen atmosphärischen Hafen und eine gepflegte Altstadt. Wie kein anderes Departement am Atlantik besitzt die Charente-Maritime mehrere sehenswerte Inseln von der winzigen, geschichtsträchtigen Île d'Aix bis zur großen, von der Austernzucht lebenden Île d'Oléron. Erstaunliche Überreste aus Römerzeit und Romanik sind im beschaulichen Saintes erhalten. Und das Inland bietet Überraschungen in Aulnay und im berühmten Cognac. Die Anzahl der Leuchttürme übertrifft viele andere Küstenstriche und der prachtvolle Phare de Cordouan im Mündungstrichter der Gironde gilt das »Versailles des Meeres«.

ADAC Top Tipps:

6 **Phare de Cordouan**
| Leuchtturm |
Weit draußen vor der Einfahrt in die Gironde bleibt er auf Abstand zur Küste: der Phare de Cordouan, der älteste und mit Sicherheit architektonisch eleganteste Leuchtturm Europas. 81

7 **Église Ste-Radegonde, Talmont-sur-Gironde**
| Kirche |
Hart an der Felsenkante der Uferklippen der Gironde – spektakulärer und fotogener könnte dieses kleine Juwel romanischer Kirchenbaukunst nicht liegen. 82

ADAC Empfehlungen:

 La Rochelle
| Stadtbild |
Hafenkulisse und Altstadt gehören
zum Schönsten, was die französische
Atlantikküste zu bieten hat. 66

 Les Flots, La Rochelle
| Restaurant |
Hochpreisig, aber von bester Qualität,
hier lassen sich Freunde ausgefallener
Fischgerichte verwöhnen. 71

 St-Martin-de-Ré
| Stadtbild |
Malerischer kann ein kleiner Fischerort
kaum sein, auch wenn es hier sicher
mehr Touristen als Fischer gibt. 72

 Église Notre-Dame, Royan
| Kirche |
Was man aus Stahlbeton alles machen kann, zeigt diese Kirche aus
der Nachkriegszeit mit ihrem beeindruckenden Innenraum. 79

 Phare de la Coubre
| Leuchtturm |
Bis in schwindelnde Höhe führt eine
schmale Wendeltreppe, aber der Ausblick vom historischen Leuchtturm
nahe Royan lohnt sich wirklich. 81

 Arc de Germanicus, Saintes
| Stadttor |
Der gut erhaltene römische Bogen
aus dem 1. Jh. markierte den Zugang
zur Stadt in der Antike. 84

La Rochelle

Die attraktive Küstenstadt lockt mit kulturellen Highlights

Die imposante, turmbewehrte Hafeneinfahrt von La Rochelle

 Information

■ Office de Tourisme, 2, quai Georges Simenon – Le Gabut, 17000 La Rochelle, Tel. 05 46 41 14 68, www.larochelle-tourisme.com, www.visiter-la-rochelle.fr, Kostenlose App »La Rochelle Tour« für Apple und bei Google Play
■ Parken: siehe S. 71

 Die einstige Hugenotten-Hochburg ist eine weltoffene Stadt

In der Geschichte galt La Rochelle immer als rebellisch und war stets darauf bedacht, Handelsprivilegien oder auch hugenottische Gesinnung entschlossen zu verteidigen. Reich geworden durch den Handel mit Wein und Salz nach England und Flandern, aber auch mit Fellen aus Kanada und Zucker und Sklaven von den Antillen, verlor La Rochelle seinen Platz schließlich an Nantes und vor allem an Bordeaux. La Rochelle, das heute als sehr dynamisch, umweltbewusst und kulturell aktiv gilt, ist eine noch junge Universitätsstadt, die im Hochsommer enorme Touristenströme anzieht. Sie kommen nicht nur wegen der lebendigen Atmosphäre am alten Hafen mit seinen imposanten Verteidigungsanlagen oder wegen des ultramodernen Aquariums in

Plan
S. 68

Etagen miteinander verbinden. Der Turm diente nicht nur zur Verteidigung, sondern war auch ein Wohnturm, worauf eine kleine Kapelle, Latrinen und der prächtige mit Kreuzrippen gewölbte Saal hindeuten.

■ Vieux port, rue de l'Archimede, Tel. 05 46 41 74 13, www.tours-la-rochelle.fr, tgl. 10–13, 14.15–17.30, April–Sept. bis 18.30 Uhr, 9 €, erm. 7 €, unter 26 J. frei. Alle drei Türme sind mit einem Ticket zu besuchen.

② Tour de la Chaîne
| Turm |

Der Name weist auf die einstige Bedeutung des Turms hin. Von hier aus wurde die Hafenkette (»chaîne«) zum anderen Ufer gespannt, um den Hafen nachts zu schließen. Drei Etagen bietet der Kettenturm, doch er war noch deutlich höher, bevor eine Explosion die oberen 15 m wegsprengte. Im heutigen Empfangssaal, füher ein Wohnraum, werden Wechselausstellungen gezeigt.

■ Place de la chaîne

die Stadt, sondern auch wegen des beeindruckenden Rathauses und der schönen Altstadtgassen.

Sehenswert

① Tour St-Nicolas
| Turm |

Er ist der imposanteste der drei befestigten Türme, die die Hafeneinfahrt seit dem 14. Jh. bewachen. Auf der Wasserseite erkennt man an der Außenmauer den Ansatz zu einem gewaltigen Bogen, mit dem einst der Kanal hätte überspannt werden sollen. Im Innern versteckt sich ein Labyrinth von Gängen und Treppen, die die drei

③ Tour de la Laterne
| Turm |

Der Turm ist der letzte noch existierende Leuchtturm des ausgehenden Mit-

ADAC *Spartipp*

Der Rochelle-Citypass berechtigt zum freien Besuch aller Museen und zur kostenlosen Nutzung des ÖPNV. Der Pass gilt 24, 48 oder 72 Std. und kostet 28, 38 oder 48 €.
www.larochelle-citypass.com

telalters an der Atlantikküste. Im 15. Jh. hatte man in seiner bis über 55 m aufragende Spitze ein Leuchtfeuer installiert, das den heutigen Namen »Laternenturm« erklärt. Seit dem 16. Jh. war er für mehrere Jahrhunderte ein Gefängnis. Aus dieser Epoche stammen die vielen von Insassen in die Wände geritzten Graffitis, die sich vor allem um die Seefahrt drehen. Im Innern des Turmes liegen acht Ebenen und der oberste Austritt bietet eine fantastische Aussicht.

■ 60, rue sur les murs

④ Rue de l'Escale
| Straßenzug |

Als einzige Straße in La Rochelle hat sie noch ihre Originalpflasterung erhalten. Auf der Fahrbahn fallen zwei parallele Streifen mit unregelmäßigen Steinen auf. Diese dienten einst als Schiffsballast. Gut erhalten sind auch die lang gestreckten Arkaden aus dem 18. Jh., unter denen die Anwohner bei Regenwetter geschützt flanieren konnten.

⑤ Maison Henri II
| Architektur |

Auch wenn der Name es denken lässt, der französische König Heinrich II. hat nie hier residiert. Ihm zu Ehren erscheint jedoch sein Monogramm an einigen Stellen, da das Gebäude, das aus zwei mit einer doppelstöckigen Galerie verbundenen Pavillons besteht, während seiner Regierungszeit 1555 errichtet wurde. Viele akkurat aus dem Stein herausgearbeitete Details wie kleine Figuren oder Masken sind zu bestaunen. Die offene Loggia hat die französische Renaissancearchitektur eindeutig den italienischen Baumeistern abgeschaut.

■ 11 bis, rue des Augustins

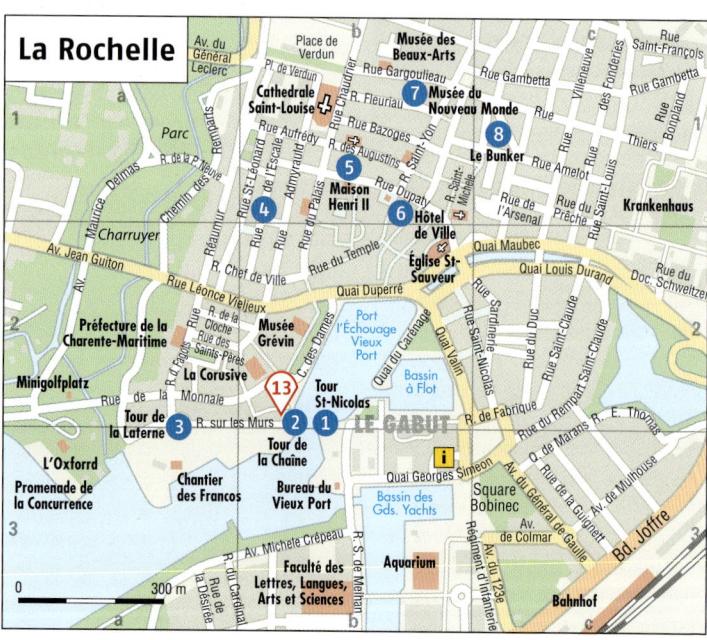

Das vielleicht schönste Rathaus in Frankreich: das Hôtel de Ville von La Rochelle

6 **Hôtel de Ville**
| Architektur |

Von außen sieht das Rathaus von La Rochelle zunächst wie eine Festung aus dem 15. Jh. aus. Die hohen Mauern sind mit Maschikulis, Zinnen und Ecktürmen besetzt. Tritt man durch das spätgotische Haupttor im großen Innenhof, entfaltet sich jedoch eine prachtvolle Renaissance-Architektur mit Loggien, Freitreppen und monumentalen Figuren. Hier trifft man auch auf den »guten Freund« der Einwohner von La Rochelles zur Zeit der Religionskriege. Der spätere Heinrich IV. posiert als farbig gefasstes Standbild unter einer Arkade. Er erließ 1598 das Edikt von Nantes, das den Hugenotten Religionsfreiheit zusicherte. Überall tauchen die Initialen Heinrichs und die seiner Frau Maria von Medici auf. Das vielleicht schönste Rathaus in Frankreich wurde im Juni 2013 bei einem Großbrand sehr stark beschädigt.

■ 3, place de l'Hôtel de ville (Wiedereröffnung Ende 2019)

7 **Musée du Nouveau Monde**
| Museum |

Der Hafen von La Rochelle war für viele Auswanderer oft das letzte Stück Heimat, das sie sahen, bevor die Schiffe sie in die neue Welt (»nouveau monde«) brachten. Dieser Auswanderungswelle zwischen dem 16. und dem 19. Jh. widmet sich das Museum,

ADAC *Mobil*

Bereits seit über 30 Jahren gibt es in La Rochelle die »gelben Fahrräder«. Mit einem Abonnement für 2 (2 €) oder 7 Tage (5 €) können 300 Räder an 50 Stationen benutzt werden. Wer nicht mehr als 30 Min. auf dem Sattel sitzt, bezahlt nichts, danach kostet jede angefangene halbe Stunde 1 €. *www.yelo-larochelle.fr*

ADAC *Mobil*

In La Rochelle kann die Parkplatzsuche zu einer nervenaufreibenden Angelegenheit werden. Am südlichen Yachthafen Minimes zu parken und mit dem solargetriebenen »bus de mer« in den alten Hafen einzulaufen, dauert ca. 20 Min. Anlegestelle neben der Tour de la Chaîne, April, Mai u. Sept. stündl. 10–19 (außer 13, Juni ab 9), Juli/Aug. alle 30 Min. 9–23.30, Okt.–März nur an Wochenenden 10–18 (außer 13) Uhr, 3 €

das in einem Palais des 18. Jh. untergebracht ist. Es gehörte einem reichen Plantagenbesitzer von St-Domingue, dem heutigen Haiti, wo die Franzosen Kolonien besaßen. La Rochelle war ein bedeutender Handelshafen mit Routen nach Kanada, Louisiana und zu den Antillen. Malereien, Zeichnungen, alte Schiffs- und Landkarten und sogar erste Fotos aus den fernen Kolonien werden gezeigt. Auch der sogenannte Dreieckshandel mit Sklaven wird behandelt.

■ 10, rue Fleuriau, Tel. 05 46 41 46 50, Mitte Sept.–Mitte Juni Mo, Mi–Fr 9.30–12.30, 13.45–17, Sa/So 14–18, Mitte Juni–Mitte Sept. Mo, Mi–Fr 10–13, 13.45–17, Sa/So 14–18 Uhr, 6 €, unter 18 J. frei

8 Le Bunker

| Architektur |

Seit einigen Jahren ist ein 280 m² großer Bunker zugänglich, der den Kommandanten der deutschen U-Bootflotte bei Bombenabwürfen durch die Alliierten als Unterschlupf diente und nach dem Krieg in Vergessenheit geraten war. Der Bunker, der 1941 mit-

Faszinierende Unterwasserwelten im Aquarium von La Rochelle

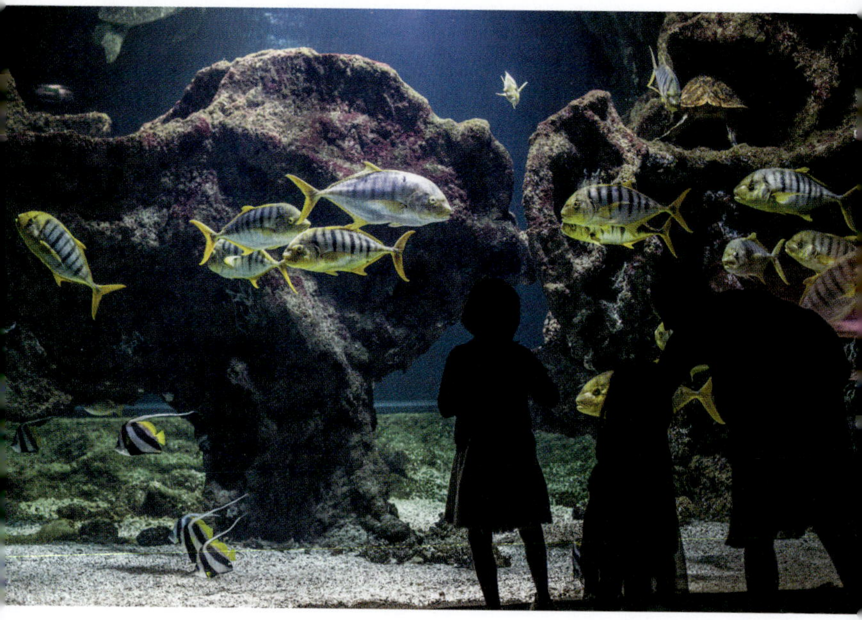

ten in der Stadt aus Beton gegossen wurde, bot Schlafplätze für fast 70 Soldaten sowie eine geräumige, mit Fresken verzierte Bar. Heute ist dort ein ungewöhnliches Museum, das sich dem düsteren Kapitel der deutschen Besatzung in La Rochelle stellt.
■ 8, rue des Dames, Tel. 05 46 42 52 89, www.bunkerlarochelle.com, April–Sept. tgl. 10–19, Okt., Nov., Dez., Feb., März 10–18 Uhr, 7,50 €, 5–12 J. 5,50 €

 Parken

Der kostenpflichtige Parkplatz Vieux Port Ouest befindet sich an der Esplanade St-Jean d'Acre mit Zufahrt direkt neben der Tour de la Laterne, Plan S. 68 b3.

 Restaurants

€ | **L'Amaranthe** Frisch und nur aus dem Umland kommen hier Produkte, meist in Bioqualität, auf den Tisch – zu sehr zivilen Preisen. ■ 14, rue Bletterie, www.lamaranthe.net, Tel. 05 17 83 07 21, Di–Sa 12.15–13.45, 19.15–21.30 Uhr, Plan S. 68 b2

(13) €€€ | **Les Flots** Das Restaurant gehört zu den ersten Adressen in La Rochelle. Der Hafen mit der Tour de la Chaîne liegt vor der Tür und auf den Teller kommen exzellente Fischgerichte, die hier natürlich dominieren.
■ 1, rue de la chaîne, www.les-flots.com, Tel. 05 46 41 32 51, 12.15–14, 19.30–22 Uhr, Plan S. 68 b2

 Einkaufen

Die alte Markthalle aus dem 19. Jh. ist tgl. bis 13.30 Uhr geöffnet. Am Mittwoch-, Samstag- und Sonntagvormittag erstrecken sich noch mehr Le-

Gefällt Ihnen das?

Dann fahren Sie doch nach **Marennes** (S. 76) und probieren Sie die glibberigen Meeresbewohner – die Austern – in ihrem Zuhause, dem größten Zuchtgebiet Europas. Anschließend besuchen Sie **Cognac** (S. 86), vielleicht brauchen Sie nach dem Austernschlürfen dringend ein Glas des berühmten Weinbrands.

bensmittelstände auf dem Platz vor und in den Gassen um die Markthalle.
■ Rue Gambetta, Plan S. 68 c1

 Kinder

Vom viel bestaunten Haifischbecken über den Quallentunnel, farbenfrohe Aquarien und Unterwasserwelten des Mittelmeeres bis hin zu indonesischen Korallenbänken reicht das Spektrum der über 60 Bassins im Aquarium von La Rochelle, das zu den größten Aquarien in Europa gehört. ■ Quai Louis Prunier, Tel. 05 46 34 00 00, www. aquarium-larochelle.com, Okt.–März tgl. 10–20, April–Juni, Sept. 9–20, Juli/Aug. 9–23 Uhr, 16 €, 3–17 J. 12 €, Plan S. 68 b3

 Events

Das alljährlich Mitte Juli am alten Hafen von La Rochelle stattfindende Musikfestival Francofolies wurde 1985 gegründet. Der Name spielt auf den Begriff »Francophonie« an, mit dem der französische Sprachraum gemeint ist. Bei dem Festival treten ausschließlich Künstler und Künstlerinnen aus Frankreich oder aus frankophonen Ländern auf. ■ www. francofolie.fr

22 Île de Ré

Die Insel ist schon lange einer der teuersten Flecken Frankreichs

ℹ **Information**

■ Office de Tourisme, rue des Embruns, 17580 Le Bois Plage en Ré, Tel. 05 46 09 00 55, www.iledere.com

Seit 1988 ist die Insel durch eine 3 km lange Brücke mit dem Festland bei La Rochelle verbunden. Die Immobilienpreise schossen seitdem in die Höhe und liegen mit über 4000 €/m² etwa bei denen einiger Außenbezirke von Paris. Malerische Dörfer und mildes Klima haben hier weit mehr Zweit- als Hauptwohnsitze entstehen lassen. Dass sich die Einwohnerzahl im Sommer im Vergleich zum Winter verachtfacht, scheint niemanden zu stören. Die kleinen Orte mit ihren niedrigen, weiß getünchten, von Stockrosen eingefassten Häusern wie St-Martin-en-Ré, La Flotte oder Ars locken die Besucher ebenso wie der stolze Leuchtturm an der Nordspitze der Insel und einige feinsandige Strände.

Sehenswert

Notre-Dame-des-Châteliers
| Klosterruine |

Die eindrucksvolle Ruine dieser 1178 gegründeten Zisterzienserabtei liegen malerisch vor dem Hintergrund des Meeres. Ganze fünf Mal wurde sie von den Engländern zerstört und immer wieder erneuert. Nachdem die Substanz des überwiegend im gotischen Stil errichteten Baus auch während der Religionskriege schwer litt, wurde sie schließlich 1623 aufgegeben, um heute als beliebtes Fotomotiv zu dienen.
■ Kurz vor La Flotte an der D 735 auf dem Weg nach St-Martin-en-Ré

St-Martin-de-Ré
| Stadtbild |

 Ein Hauch von St-Tropez weht durch den kleinen Hafen

Der Hauptort der Insel bot der Bevölkerung innerhalb seiner Mauern Schutz bei Angriffen. Ende des 17. Jh. verstärkte Vauban die Befestigungsanlagen, die bis heute den Ort mächtig umschließen. Die Zitadelle am östlichen Ortsrand dient immer noch als Gefängnis. Über 200 Jahre wurden von

Im Blickpunkt

Salz: das weiße Gold

In den Wörtern »Sold« oder »Salär« (frz. »salaire«) steckt noch »salare«, was einst die Bezahlung in Salz bedeutete. Über Jahrtausende war Salz knapp und somit wertvoller als Gold. Nahrungsmittel wurden mit Salz haltbar gemacht, gepökelt oder fermentiert. Erst im 19. Jh. konnte durch moderne Technik Salz im Überfluss produziert werden. Auf der Île de Ré werden heute von knapp 90 Salzgärtnern 2000 t grobes und 150 t Fleur de Sel jährlich erzeugt. Einst waren es über 30 000 t. Die Technik, mit der zwischen Juni und September in den Salzgärten (Salinen) das Salz durch Verdunstung von Meerwasser gewonnen wird, hat sich im Laufe der Jahrhunderte nur wenig verändert.

Die Plage du Petit Bec auf der äußerst begehrten Île de Ré

hier Gefangene in die Strafkolonie nach Französisch-Guyana in Südamerika verschifft. Mitten im Hafen liegt eine kleine, dicht bebaute Insel, die über eine Brücke zu erreichen ist. Hier und am Quai de la Poithevinière drängen sich die Café- und Restauranterrassen. Eine weitere Attraktion ist die im 15. Jh. errichtete befestigte Kirche. Den grandiosen Blick von der Turmspitze aus bekommt geboten, wer zuvor 170 Stufen hinaufsteigt (rue du Palais, 10 Uhr bis Sonnenuntergang, Juli/Aug. bis 23 Uhr, 2 €, Kinder 1 €).

■ rue du Palais, www.clocherobserva toire.wordpress.com, ab 10 Uhr bis Sonnenuntergang, Juli/Aug. bis 23 Uhr, 2 €, Kinder 1 €

Phare des Baleines

| Leuchtturm |

Direkt an der Westspitze der Île de Ré stehen zwei Leuchttürme, wobei der kleinere bereits auf Befehl Colberts Ende des 17. Jh. mit Zinnen bewehrt errichtet wurde. Der 57 m hohe Phare des Baleines von 1854 gibt Leuchtzeichen bis in über 50 km Entfernung. Wem die 257 Stufen hinauf zu beschwerlich sind, dem bleibt der Besuch des kleinen Museums zu Geschichte und Bauweise der Leuchttürme im Turmsockel. Östlich liegt der schöne und geschützte Strand Conche des Baleines.

■ 155, route du Phare, Tel. 05 46 29 18 23, www.lepharedesbaleines.fr, April–Juni tgl. 10–19, Juli–Sept. 9.30–21, Okt.–März 10.30–17.30 Uhr, Grand Phare 3,50 €, 7–12 J. 1,70 €

🚏 Verkehrsmittel

Boot Croisières Inter-Îles bietet Schiffsfahrten von La Rochelle zu den Inseln Île de Ré, Île d'Oléron oder Île d'Aix an oder auch die Umrundung der nicht zugänglichen Festungsinsel Fort Boyard. ■ Croisières Inter-Îles, Tel. 05 46 50 55 54, www.inter-iles.com, Anlegestelle und Tickets: Vieux Port, cours des Dames, Fahrpläne und Preise im Internet

Restaurants

€€ | Les Embruns Schiffsschrauben und Rettungsringe als Dekoration lassen Hafenfeeling aufkommen und natürlich gibt es sehr gut zubereitete Meeresprodukte. ■ 6, passage Chay Morin, St-Martin de Ré, www.lesembruns-iledere.com, Tel. 05 46 66 46 31, Okt.–Juni Do–Mo 12.15–13.45, 19.15–21.45, Mo, Mi und Juli–September nur abends

23 Île d'Aix

Auf der winzigen Insel verbrachte Napoleon schwere Stunden

 Information

■ Office de tourisme Rochefort-Océan, 6 rue Gourgaud, 17123 Île d'Aix, Tel. 05 46 84 66 09, www.iledaix.fr

Zur Römerzeit war die Insel bei Ebbe vom Festland aus noch zu Fuß zu erreichen. Heute kommen Besucher mit der Fähre, um den schönen Weststrand zu genießen oder Napoleon zu huldigen. Das Eiland misst gerade einmal 3 km in der Länge und maximal 600 m in der Breite und doch kam es zu Berühmtheit, da Napoleon hier die letzten vier Nächte vor seiner englischen Gefangenschaft verbrachte. Zuvor hatte er bereits für die Befestigung der Insel gesorgt. Ein schönes Fotomotiv sind die beiden rot-weißen Zwillingsleuchttürme im Südwesten.

 Sehenswert

Musée Napoléonien

| Museum |

1808 überzeugte sich Napoleon erstmals von den Befestigungsanlagen der Insel, deren Bau er befohlen hatte. 1815 kehrte er kurz vor seiner Gefangenschaft auf St-Helena auf die Île d'Aix zurück. Das stattliche Haus, das alle Nachbargebäude überragt, wurde später von einem Napoleon-Verehrer erstanden und in ein Museum verwandelt. Zu sehen sind Waffen, eine Totenmaske, Napoleonbüsten und etliche wertvolle Pendeluhren, deren Zeiger 5.49 Uhr anzeigen – die Todesstunde Napoleons, der am 5. Mai 1821 im fernen Südatlantik starb.
■ rue Napoléon, Tel. 05 46 84 66 40, www.musees-nationaux-malmaison.fr/musees-napoleonien-africain, April–Sept. tgl. 9.30–12, 14–18, Okt.–März Di geschl., Nov.–März 9.30–12, 14–17 Uhr

 Verkehrsmittel

Fähre Die Insel, die 6 km vom Festland entfernt liegt, erreicht man am schnellsten (20 Min.) mit der Fähre von der Pointe de la Fumée in Fouras aus. Touristischer Autoverkehr ist auf der Insel verboten, nur einige wenige einheimische Autos fahren hier. ■ Société Fouras-Aix, Tel. 08 20 16 00 17 (0,15 €/Min.), www.service-maritime-iledaix.com, tgl. 5–10 Überfahrten (Fahrpläne im Internet), saisonabhängige Preise: 9,40–14,50 €, 11–18 J. 8,40–12,30 €, 4–10 J. 7–10 €

24 Rochefort

Hier entstand im 17 Jh. das Marinearsenal für die Flotte des Sonnenkönigs

 Information

■ Office de tourisme, avenue Sadi Carnot, 17300 Rochefort, Tel. 05 46 99 08 60, www.rochefort-ocean.com
■ Parken: siehe S. 75

Geschützt in einer Schleife der Charente, bevor diese ins Meer mündet, liegt Rochefort. Vor dem 17. Jh. existierte hier die Burg Roccafortis. Colbert ließ ein Marinearsenal anlegen, in dem königliche Kriegsschiffe gebaut und gewartet wurden. Die Stadt entstand in einem schachbrettartigen Grundriss und beherbergte über 15 000 Marinesoldaten und Handwerker samt Familien. Erst 1926 wurde das Arsenal geschlossen. Nach den Zerstörungen des Krieges baute man die historischen Anlagen wieder auf, auch die »Corderie Royale«, die Seilerei. Anfang der 1990er-Jahre machte vor allem das Projekt der originalgetreuen Rekonstruktion der 1200 t schweren hölzernen Fregatte »Hermione« hier von sich reden (www.hermione.com). Mit ihr war General Lafayette 1778 in den amerikanischen Unabhängigkeitskrieg gesegelt. Auch die Replik ist seetauglich und sticht regelmäßig in See.

◉ Sehenswert

Corderie Royale
| Museum |

Die über 500 zwischen 1666 und 1927 im Arsenal gebauten Kriegsschiffe benötigten auch Taue, die in der »königlichen Seilerei« gefertigt wurden. Das Gebäude der wieder aufgebauten Manufaktur misst fast 380 m, was der Anfertigung der extrem langen Taue geschuldet ist. Heute können Besucher im Centre international de la Mer mehr über die damaligen Produktionsprozesse und die Geschichte der Seilerei erfahren.
■ Rue Jean-Baptiste Audebert, Tel. 05 46 87 01 90, www.corderie-royale.com, April–Sept. tgl. 10–19, sonst 10–12.30, 14–18 Uhr, Jan. geschl.

Musée Nationale de la Marine
| Museum |

Das Museum ist nach dem Pariser Marinemuseum das bedeutendste in Frankreich. Rocheforts Beitrag zur Geschichte der französischen Marine steht natürlich im Vordergrund und so wird hier das Modell des ersten französischen Unterseebootes von 1863 gezeigt. Von großem Interesse ist auch das Modell des Kriegsschiffs »Le Dauphin Royal«, das auf drei Batteriedecks über 100 Kanonen verfügte.
■ 1, place de la Gallissonnière, www.musee-marine.fr, April–Sept. tgl. 10–19, Okt.–März Mi–Mo 13.30–18 Uhr, 6 €, erm. 5 €, unter 26 J. frei

P Parken

Riesiger Parkplatz an der Avenue du 3ème Régiment d'Infanterie Coloniale westlich der Innenstadt am Office de Tourisme.

25 Brouage

Die alte Zitadelle inmitten der Sümpfe war früher ein wichtiger Handelshafen

i Information

■ Office de Tourisme, 2 rue de l'Hospital, 17320 Brouage, Tel. 05 46 85 19 16, www.hiers-brouage-tourisme.fr

Brouage liegt in Form eines achtzackigen Sterns in der flachen Landschaft. Der Umriss des Ortes geht auf königliche Baumeister zurück, unter ihnen auch Vauban. Sümpfe prägen die Landschaft, denn das Meer hat sich erst vor wenigen Jahrhunderten zurückgezogen. Einst konnten Schiffe ihre Salzladungen direkt vor den Toren aufnehmen und das »weiße Gold« bis nach Nordeuropa transportieren. Innerhalb der Stadtmauern existiert noch die Halle aux Vivres, ein langer Backsteinbau von 1631, in dem Lebensmittelvorräte wie Getreide, Wein, Stockfisch und Pökelfleisch gelagert wurden. Auch die lichtdurchflutete Kirche St-Pierre lohnt einen Besuch, sie liegt im Zentrum des schachbrettartig angelegten Ortes.

26 Marennes

Marennes und Oléron teilen sich Europas größte Austernproduktion

 Information

■ Office de Tourisme, place Chasseloup-Laubat, 17320 Marennes, Tel. 05 46 85 65 23, www.tourisme-marennes.fr

»Pagus maritimensis«, auf Lateinisch »der Ort am Meer« – so hieß einst Marennes. Heute ist dieser Name nicht mehr sofort nachvollziehbar, denn inzwischen trennen Sumpfgebiete und unzählige Kanäle den Ort vom Meer. Hunderte von Austernzuchten bilden den Hauptwirtschaftsfaktor der Gegend. Die Rue des Martyrs, die parallel zur Fahrrinne des Chenal de Marennes zum kleinen Hafen von La Cayenne am Fluss Seudre hinunterführt, ist gesäumt von den meist hölzernen »cabanes des ostréiculteurs«, den kleinen Hütten der Austernzüchter. Auch der Blick vom 85 m hohen Turm der Kirche St-Pierre im Zentrum von Marennes fällt in Richtung Südwesten auf die Klärbecken der Austernzüchter. Direkt vor Ort lassen sich die begehrten Schalentiere probieren.

Wie eine Landschaft: die Austerbänke von Marennes

In der Umgebung

Fort Louvois

| Festung |

Allein die Lage der Ende des 17. Jh. errichteten Festung rechtfertigt einen Besuch. Bei Flut ragt sie nur wenige Hundert Meter vom Ufer entfernt aus dem Meer. Von der oberen Plattform des Bergfrieds bietet sich eine herrliche Aussicht auf Festland und Île d'Oléron.

■ Bei Ebbe über eine 400 m lange Chaussee zu erreichen, bei Flut nur per Boot, daher variable Öffnungszeiten vor Ort erfragen, Tel. 05 46 85 23 22, 7 €, 6–16 J. 4 €

27 Île d'Oléron

Die größte Insel der französischen Atlantikküste zieht Austernfreunde an

 Information

■ Office de Tourisme, 22 rue Dubois Meynardie, 17320 Marennes, Tel. 05 46 85 65 23, www.ile-oleron-marennes.com

Eine Hauptstraße durchzieht die 30 km lange Insel von der 1966 erbauten Brücke, die sie mit dem Festland verbindet, bis hinauf zu ihrer Nordspitze am Leuchtturm von Chassiron. Als südlichste der Atlantikinseln verwöhnt sie der Golfstrom mit einem fast mediterranen Klima. Wein, Eukalyptus, Agaven, Oleander und auch Mimosen machten sie für Pierre Loti zu einer »Insel der Düfte«. Neben dem Tourismus sind es auch hier Salzgewinnung und Austernzucht, die die Wirtschaft prägen. Die Zitadelle des Château d'Oléron, der Ort St-Pierre und ein Schiffsausflug um das Fort Boyard herum sollten beim Besuch eingeplant werden.

Im Blickpunkt

Wo die Auster sich am wohlsten fühlt

In Marennes und im Osten der Île d'Oléron liegt Europas größtes Austernzuchtgebiet. Jährlich werden hier bis zu 60 000 t der begehrten Muschel am Ende einer dreijährigen Aufzucht geerntet, was beinahe der Hälfte der französischen Produktion entspricht. Wer einen »ostréiculteur«, einen Austernzüchter, besucht, der sieht in den kleinen Familienbetrieben meist große Klärbecken, in denen die zum Verkauf bereiten Austern monatelang gereinigt werden. Dabei kann jede Auster täglich bis zu 200 Liter Meerwasser filtern. Als »fines de claire« kommen sie dann in den Handel, um bald (lebend) verzehrt zu werden. Im Becken von Arcachon werden vor allem junge Saataustern gezüchtet, die im Alter von zehn Monaten in die Zuchtparks der Normandie und Bretagne verkauft werden, um dort weiter zu gedeihen.

 Sehenswert

Château d'Oléron

| Stadtbild |

An der Stelle der heutigen Zitadelle, die ins Meer hinausragt, stand einst die mittelalterliche Burg von Eleonore von Aquitanien. Es war Vauban, der hier zur Sicherung des Marinearsenals von Rochefort die Festungsanlagen ausbauen ließ. Heute zieht der Sonntagsmarkt in einer schönen Halle vom Ende des 19. Jh. im Zentrum des Ortes mehr Besucher an als die frei zugängliche Zitadelle, obwohl hier ein herrlicher Blick in Richtung Festland geboten wird.

Fort Boyard
| Festung |

Die von Napoleon 1802 zum Schutz von Rochefort in Auftrag gegebene, allerdings erst 1859 fertiggestellte Festung mitten im Meer ist nicht öffentlich zugänglich. Schiffstouren von Boyardville (siehe Verkehrsmittel) aus umkreisen das mehrgeschossige, imposante Fort lediglich. Das 20 m aus dem Meer aufragende Fort Boyard hätte 250 Soldaten und über 70 Kanonen Platz bieten können, doch kaum fertiggestellt, war es militärtechnisch bereits veraltet und wurde später als Gefängnis benutzt.

St-Pierre d'Oléron
| Stadtbild |

Im Hauptort der Insel dreht sich das Leben um die moderne Markthalle (rue Massé, April–Sept. Di–So, Okt.–März Di, Do, Sa/So) und eine Totenlaterne aus dem 12. Jh. Sie stand ursprünglich auf einem alten Friedhof, heute jedoch mitten auf einem Parkplatz (place Camille Memain). Im Innern führt eine Treppe nach oben. Hier wurde einst ein Totenlicht angezündet.

Phare de Chassiron
| Leuchtturm |

Der Leuchtturm ging 1836 in Betrieb. Davor stand hier ein von Colbert 1679 in Auftrag gegebener Turm, dessen Signallicht noch ein veritables Feuer war, entfacht mit Holz oder Kohle. Beim Bau des 46 m (224 Stufen) hohen Turms kam hochwertiger Granit vom Festland zum Einsatz.

 Pointe de Chassiron, Tel. 05 46 75 18 62, www.chassiron.net, April–Juni, Sept. tgl. 10–12.15, 14–19, Juli/Aug. 10–20, Okt.–März 10–12.15, 14–17 Uhr, 3 €, Kinder 1,50 €

Verkehrsmittel

Boot Mehrere Schifffahrtslinien (am besten ab Boyardville/Île d'Oléron) umrunden auf ihren Touren die ehemalige Gefängnisinsel Fort Boyard.

 Croisières Inter-Îles, Allée des Acacias Boyardville, 17190 Saint-Georges-d'Oléron, Tel. 05 46 50 55 54, www.inter-iles.com, Fahrpläne und Preise im Internet

Restaurants

€ | **Le p'tit Bouchon** Traditionelles Bistro mit günstigen Tagesmenüs mitten in St-Pierre. Fleischgerichte und frischer Fisch werden hier auch gerne exotisch zubereitet. 55, rue de la République, 17310 St-Pierre-d'Oléron, Tel. 05 46 47 29 44, www.restaurant-leptibouchon-oleron.fr, Di–So 11–14.30, 18.30–22.30 Uhr

Kinder

Neben einem Museum in Port des Salines, das die Geschichte der Salzgärten zeigt, locken hier verschiedene Aktivitäten, darunter auch geführte Bootsfahrten durch die Kanäle rund um die wieder angelegten Salinen. ◼ Rue des Anciennes Salines, Petit-Village, Le Grand-Village-Plage, Tel. 05 46 75 82 28, www.port-des-salines.fr, Écomusée und Verleih von Barken: März–Juni, Sept.–Nov. Mo, Di, Do–Sa 10–12.30, 14–18, Mi 10–18, So 14–18, Juli/Aug. Mo–Sa 10–19, So 14–19 Uhr, Écomusée 4,50 €, erm. 3 €, Barken 12 € für 4 Pers

Auf der Île d'Oléron dominieren Salzgewinnung und Austernzucht die Wirtschaft

28 Royan

Das 1945 zerstörte Seebad der Belle-Époque wurde rasch wieder aufgebaut

Information

■ Office de Tourisme, 1, boulevard de la Grandière, 17200 Royan, Tel. 05 46 08 17 50, www.royan-tourisme.com
■ Parken: siehe S. 80

Nicht umsonst wurde Royan schon zu Beginn des 19. Jh. vor allem von reichen Bürgern aus Bordeaux geschätzt, die hier mit dem Dampfboot ankamen. Das angenehme Klima und die Buchten mit feinen Sandstränden ließen Royan zu einem prächtigen Seebad der Belle-Époque aufsteigen. Bereits im 13. Jh. profitierte Royan von seiner geografischen Lage. Es presste jedem in die Gironde einfahrenden Schiff eine Passiersteuer ab. Zu Beginn des Jahres 1945 zerstörten alliierte Bomber in wenigen Minuten fast die ganze Stadt.

Direkt nach dem Krieg begann der Wiederaufbau im Stil der Moderne, der überwiegend Lob erntete. Insbesondere die Kirche Notre-Dame steht für dieses gelungene Unterfangen.

Sehenswert

Église Notre-Dame
| Kirche |

(15) *Beim Wiederaufbau der Stadt setzte die Kirche starke Akzente*

In der Nachkriegszeit galt es an vielen Orten zerstörte Kirchen durch neue zu ersetzen. Zum Einsatz kam hierbei vor allem Stahlbeton, der neue Formgebungen erlaubte. Der hiesige Kirchenbau kann Vorbilder in der gotischen Architektur nicht verleugnen, spielt doch im Innern der Lichteinfall eine herausragende Rolle. Dennoch musste der Bau aus Kostengründen zunächst unvollendet bleiben. Erst allmählich kamen bemalte Fenster und die Orgel hinzu.

■ 1, rue de Foncillon

![Die moderne Église Notre-Dame in Royan hat gotische Vorbilder]

Die moderne Église Notre-Dame in Royan hat gotische Vorbilder

 Parken

Hinter der auch architektonisch sehenswerten Markthalle (Marché centrale) liegt ein nachmittags kostenloser Parkplatz. ■ Rue Font de Cherves

 Kinder

Zoo de la Palmyre Der Zoo ist der größte in ganz Frankreich. Tausende Säugetiere, Vögel und Reptilien sind je nach Herkunft in fast tropischem Ambiente zu entdecken. Große Shows mit dressierten Papageien und Robben gehören zum Programm.

ADAC *Spartipp*

An allen Stränden in Royan (wie Plage du Chay, Plage de Foncillon und vor allem Plage de la Grande Conche) wurden kostenlose WLAN-Hotspots eingerichtet.

■ 6, avenue de Royan, 17570 Les Mathes, Tel. 05 46 22 46 06, www.zoo-palmyre.fr, April–Sept. tgl. 9–19, sonst bis 18 Uhr, 17 €, 3–12 J. 13 €

Indian Forest Einer der spannendsten Hochseilgärten (»accrobranche«) in der Gegend liegt nördlich des Zoo de Palmyre. ■ Route de la Bouverie, 17570 Les Mathes, Tel: 05 46 22 55 45, www.indianforest17.fr, geöffnet April–Sept., Juli/Aug. tgl. 9.30–20.30, sonstige Öffnungszeiten siehe Website

 Sport

Lust auf Strandsegeln (»char à voile«)? Am südlichen Ende der Plage de la Grande Conche kurz vor St-Georges de Didonne (Höhe Restaurant La Réserve) lässt es sich ausprobieren, aber auch Stand-Up-Paddling, Kajak und Windsurfen (»planche à voile«) werden angeboten. ■ Tel. 06 30 22 46 70, www.latitude-char.com

In der Umgebung

Phare de Cordouan
| Leuchtturm |

6 *Anders als geplant: Hier schlief nie ein französischer König*

Unter Heinrich III. und seinem Nachfolger Heinrich IV. entstand der grandiose Bau um 1600 auf einer Sandbank weit draußen vor der Girondemündung. Im 18. Jh. sollte er noch um weitere 20 m auf heute 67 m aufgestockt werden. Kein anderer Leuchtturm wurde so sorgfältig und mit so edlem Material errichtet. Sein Sockelgeschoss lässt an eine Palastfassade mit Monumentaltor denken. Im Innern der ersten drei Geschosse kam farbiger Marmor zum Einsatz, da dieser in Renaissanceformen erbaute Bereich dem König vorbehalten sein sollte. Eine edle Kapelle liegt im dritten Stock, doch letztlich hat hier nie ein König gebetet. Die weiteren fünf Etagen dienten dem Betreiben des Leuchtturms. Geführte Besichtigungen hängen von den Gezeiten und vom Wetter ab. Gute Kondition und passendes Schuhwerk sind dafür vonnöten.

■ www.phare-de-cordouan.fr, Überfahrten (45 Min., gezeitenabhängig) ab Royan mit Croisières La Sirène, www.croisiere lasirene.com, Tel. 06 81 84 47 80 oder mit Royan Croisières, Tel. 05 46 06 42 36, www.royancroisieres.fr; Abfahrten ab Verdon mit Vedettes La Bohème, Tel. 05 56 09 62 93, www.vedettelaboheme.com

Phare de la Coubre
| Leuchtturm |

16 *Mehrere Leuchttürme wiesen hier bereits den Weg*

Die Meeresbrandung, der Sandflug und der hohe Salzgehalt in der Luft wirkten bei mehreren Türmen, die hier vorher standen, zerstörerisch. Dieser Leuchtturm, der den Schiffen bei der schwierigen Einfahrt in die Gironde den Weg weist, trotzt seit mehr als hundert Jahren, seit 1905, Wind und Wetter. Auch wenn er ursprünglich fast zwei Kilometer von der Wasserlinie entfernt errichtet wurde, ist der Atlantik heute bis auf 150 m an ihn herangerückt. Die 300 Stufen der eisernen Wendeltreppe mit niedriger Brüstung im Innern sollten nur schwindelfreie Leuchtturmstürmer erklimmen. Der Rekord (Mai 2017): 1 Minute, 2 Sekunden!

■ Tel. 05 46 06 26 42, www.latremblade.fr/phare-de-la-coubre, Feb.–April, Okt., Nov. Mi–Mo 10–12.30, 14–17.30, Mai, Juni, Sept. –18.30, Juli/Aug. tgl. 10–20 Uhr, 4 €, 5–11 J. 2,50 €

Der historische Leuchtturm von Cordouan bei Ebbe

29 Talmont-sur-Gironde

Der kleine Ort lebt von den Touristen, die die Kirche der hl. Radegundis besuchen

 Information

■ Office de Tourisme, rue de l'église, 17120 Talmont-sur-Gironde, Tel. 05 46 08 17 62, www.talmont.royanatlantique.fr

Die Lage des Ortes auf einem in die Gironde vorspringenden Felsen verhalf dem Dorf zu gewisser Bedeutung. Es erhielt schon früh eine Festungsmauer, die an einigen Stellen noch am Ufer zu sehen ist. Die Pilger, die auf dem Weg zum Grab des hl. Jakobus in Santiago de Compostela waren, schifften sich hier einst ein, nicht ohne zuvor die kleine, der hl. Radegundis geweihte Kirche aufzusuchen.

 Sehenswert

Église Ste-Radegonde
| Kirche |

7 *Waghalsig ließen die Mönche die Kirche am steilen Felsufer bauen*

Benediktinermönche schufen im 12. Jh. mit dem Bau der kleinen Kirche eine wichtige Etappe auf dem Jakobsweg. Hier setzten viele Pilger ins Médoc über, um nach Soulac, einer weiteren Station auf ihrem Weg, zu gelangen. Der Kirchenbau verlor durch ein starkes Unwetter, das den Felsen unterspülte, zwei seiner Joche. Der Chor bietet von außen die schönste Ansicht und gehört zum Besten, was die Romanik in der Saintonge hervorgebracht hat.

■ Rue de l'Église (direkt am Office de Tourisme,) 17120 Talmont-sur-Gironde

In der Umgebung

Grottes de Matata
| Höhlen |

Etwa 20 m über der Wasseroberfläche liegen natürliche Höhlen im Kalksteinfelsen, die schon früh Menschen als Unterschlupf dienten. Diese Höhlen wurden durch Stollen und Treppen miteinander verbunden. Einige dieser Troglodyten-Behausungen konnten mehr als 100 Menschen Platz bieten. Im 19. Jh. wurden sie von Mittellosen als Unterschlupf benutzt. Heute informiert hier ein kleines Museum über die Geschichte der vor rund 65 Mio. Jahren aus dem Felsen gewaschenen Grotten.

■ Office de Tourisme, 31, rue Paul Massy, 17132 Meschers, Tel. 05 46 08 17 60, www.

ot-meschers.fr, Grottes de Matata, boulevard de la Falaise, Ostern–Sept. tgl. 10–19, Okt.–Mitte Nov. 10–12, 14–18 Uhr, 5 €, 6–15 J. 3,50 €

30 Saintes

Keine andere Stadt der Region trägt deutlichere Spuren der Römerzeit

 Information

■ Office de Tourisme, place Bassompierre, 17100 Saintes, Tel. 05 46 74 23 82, www.saintes-tourisme.fr
■ Parken: siehe S. 85

Begünstigt durch ihre Lage an der Via Agrippa, die das antike Lyon mit der Atlantikküste verband, entwickelte sich Saintes zu einem römischen Zentrum, dass sich auch Monumentalbauten wie ein Amphitheater oder einen imposanten Stadtbogen leisten konnte. Vor den Toren der mittelalterlichen Stadt entstand aber auch die bedeutende Klosteranlage Abbaye aux Dames. Als Station auf dem Jakobsweg kam auch der Kirche St-Eutrope große Bedeutung zu.

 Sehenswert

Église St-Eutrope
| Kirche |

Leicht erhöht gelegen stammt der wuchtige Bau in seinen ältesten Teilen aus dem 11. Jh. An der Nordseite des Chores überlagern sich romanische und gotische Bauelemente. Geweiht

Die Église Ste-Radegonde thront direkt am Rand der Steilküste

ist die Kirche Eutropius, dem ersten Missionar, der die Bewohner der Saintonge zum Christentum zu bekehren versuchte. Seine Gebeine werden in der mystischen Krypta, einer der größten in Europa, verehrt. Vor allem die Jakobspilger machten hier Halt auf ihrem langen Weg. In der Oberkirche wurden im Querhaus einige außergewöhnlich schöne Kapitelle gestaltet, die die Danielsgeschichte abbilden.

■ Rue Saint-Eutrope, tgl. 9–19 Uhr

Amphithéâtre romain
| Archäologische Stätte |

Das gallorömische Amphitheater ist eines der ältesten in Gallien. Die Römer nutzten den Hügel um das Jahr 40 zur Anlage der aufsteigenden Zuschauerränge. Somit ersparte man sich Bau- und Arbeitskosten. Vermutlich bis zu 15 000 Menschen fanden im Innern des elliptischen Baus Platz. Dargeboten wurden hier Tierhetzen (»venationes«) oder Gladiatorenkämpfen (»munera«). Vom 3. Jh. an schwand die Bedeutung der Stadt und die Arena wurde nicht mehr genutzt. Sie wurde später als Steinbruch benutzt. Heute prägt das Amphitheater, das seit dem 19. Jh. vor dem Zerfall bewahrt wurde, eine fotogene Ruinenromantik, die als Kulisse für Veranstaltungen dient.

■ 20, rue Lacurie, Juni–Sept. tgl. 10–20, Okt.–März Mo–Sa 10–12.30, 13.30–17, So 14–17.30, April, Mai Mo–Sa 10–18, So 14–18.30 Uhr, 4 €, unter 18 J. frei

Arc de Germanicus
| Stadttor |

⑰ *Heute gilt der Stadtbogen als das Wahrzeichen der Stadt*

Der Bogen des Germanicus diente während der Römerzeit als Zugang

Die römischen Ruinen von Saintes mit der Église St-Eutrope im Hintergrund

zur Stadt, gesponsert vom reichen römischen Bürger Cajus Julius Rufus zu Beginn des 1. Jh. Ursprünglich befand sich hier eine Brücke über die Charente. Durch seine Bögen lief der Verkehr in beide Richtungen. Heute steht der Bogen frei wie auf einem Präsentierteller als Blickfang am Ufer und ist mit seinen 15 m Höhe das besterhaltene römische Bauwerk der Stadt.

Musée archéologique
| Museum |

Das kleine Museum zeigt Fundstücke aus der Römerzeit, wozu auch die metallenen Überreste eines römischen Streitwagens gehören. Im ehemaligen Schlachthof, der 1930 geschlossen und dem Museum angegliedert wurde, sind kunstvoll dekorierte Architekturfriese, Grabstelen, Inschriftentafeln oder gewaltige Säulenstümpfe zu sehen. Star der Exponate ist eine große Statue aus Carrara-Marmor von hoher Qualität.

 Esplanade André Malraux, Tel. 05 46 74 20 97, Di–Sa 13.30–17 Uhr, 4 €, unter 18 J. frei

Abbaye aux Dames
| Kloster |

Nur aus den besten Familien stammten die Äbtissinnen, die dieser Abtei seit dem 11.Jh. vorstanden. Sie besaß ausgedehnte Ländereien und unterstand direkt dem Papst in Rom. Bis zu 100 Nonnen lebten in dieser ersten Benediktinerinnenabtei in der Saintonge. Der Hundertjährige Krieg und später die Hugenotten fügten den Bauten enormen Schaden zu. Wie durch ein Wunder ist die Westfassade fast vollständig erhalten geblieben. Am Mittelportal zeigen die Bögen Gottes segnende Hand, Evangelisten-

symbole und Szenen der Apokalypse. Im Innern bestand das Gewölbe einst aus mehreren großen Kuppeln, die jetzt durch Holzdecken ersetzt sind. Die gesamte Abteianlage dient heute als Musikkonservatorium. Seit 2013 hat sie sich auch offiziell den Titel Cité musicale gegeben, um ihre Bestimmung als Zentrum für klassische Musik zu unterstreichen.

 11, place de l'Abbaye, Tel. 05 46 97 48 48, www.abbayeauxdames.org

P Parken

Neben der Abbaye aux Dames liegt ein großer kostenloser Parkplatz (rue Geoffroy-Martel), auf dem anderen Charente-Ufer, an der Place Blair ein weiterer. Von hier führt der kurze Gang in die Altstadt besonders schön am Fluss entlang.

Events

Festival de Saintes Das Festival hat sich seit den 1970er-Jahren fest im Musikjahr von Frankreich etabliert. Mitte Juli finden hier klassische Konzerte statt, die anfangs auf Barockmusik und Johann Sebastian Bach festgelegt waren, ihr Repertoire aber längst bis hin zur zeitgenössischen Musik erweitert haben. ■ www.abbaye auxdames.org/festival-de-saintes

Wandern

Der sogenannte Circuit de Germanicus, ein 3,5 stündiger, ausgeschilderter Rundwanderweg, startet am antiken Stadttor und führt teilweise am Charente-Ufer entlang, mit immer wieder herrlichen Blicken auf Saintes (Wegbeschreibungen im Office de Tourisme).

31 Cognac

Hier startete ein eleganter Branntwein seinen Siegeszug um die Welt

 Information

■ Office de Tourisme, 16, rue du XIV juillet, 16100 Cognac, Tel. 05 45 82 10 71, www.tourism-cognac.com

In der Geschichte tauchte Cognac erstmals im 11. Jh. mit einer englischen Festung auf, die an der Stelle des heutigen Schlosses stand. Im Hochmittelalter sah Cognac viele Jakobspilger auf ihrem Weg weiter nach Saintes ziehen. Im 14. Jh. fiel die Stadt in den Besitz der französischen Krone und wurde Geburtsort des künftigen Königs Franz I. Heute ist Cognac berühmt für die Herstellung von Branntwein aus den örtlichen Weißweintrauben. Im 18. Jh. tauchten hier erstmals die Namen Rémy-Martin, Martell aus Jersey oder Hennessy aus Irland auf, die bis heute untrennbar mit der Cognac-Produktion verbunden sind, auch wenn sie mittlerweile zu internationalen Luxusmarken gehören.

 Sehenswert

Château de Valois

| Schloss |

Heute sieht man dem Schloss von Cognac nicht mehr an, dass es einst zur Verteidigung gegen die Normannen erbaut wurde. Seit dem 15. Jh. hat es sich in ein Renaissanceschloss verwandelt, in dem Franz I. 1494 geboren wurde. Nach der Französischen Revolution drohte es zu verfallen, hätte nicht ein Branntweinproduzent die Vorteile der alten Gemäuer für Herstellung und La-

gerung seines Cognacs erkannt und den Bau gerettet. Heute lässt sich der einstige Festsaal mit imposanten Kaminen nur bei einer Führung durch die Destillerie Otard besuchen.

■ Cognac-Marke Baron Otard, 127, boulevard Denfert Rochereau, Tel. 05 45 36 88 86, www.chateauroyaldecognac.com, Führung mit Cognacprobe 11 € (Online-Reservierung)

 Parken

Südlich der Altstadt liegt an den Allées Bernard Guionnet ein großer Parkplatz mit Zugang zur Fußgängerzone ganz in der Nähe. Im Norden der Altstadt am Schloss gibt es einen Parkplatz in der Rue Marc Marchadier.

 Restaurants

€€€ | La Maison Eleganter Rahmen, gastronomische Ansprüche, recht hohe Preise, also durchaus für besondere Anlässe geeignet. ■ 1, rue du 14 juillet, Tel. 05 45 35 21 77, www.restaurantlamaison-cognac.fr, tgl. mittags

32 St-Jean-d'Angély

Hier drehte sich einst alles um das vermeintliche Haupt Johannes des Täufers

 Information

■ Office de Tourisme Saintonge Dorée, 8, rue de la Grosse Horloge, 17400 Saint-Jean-d'Angély, Tel. 05 46 32 04 72, www.saintongedoree-tourisme.com

Wunder sollen sich ereignet haben, als ein Mönch im frühen 9. Jh. den Schädel Johannes des Täufers aus Alexandria mitbrachte. Ein Kloster zur Aufbe-

Produktions- und Lagerstätte des Cognacs: die Gemäuer der Destillerie Otard

wahrung der heilspendenden Reliquie wurde gegründet. In den Religionskriegen im 16. Jh. fiel die Reliquie den Flammen zum Opfer. Von der Verehrung der Reliquie zeugt heute noch die monumentale Fassadenruine der ehemaligen königlichen Abteikirche (rue d'Aguesseau). Das Leben spielt sich in diesem kleinen Ort allerdings um die Markthalle (place du Marché) von 1856 ab, unweit des eindrucksvollen Uhrturms von 1406, dessen Glocken einst das Schließen der Stadttore ankündigten.

 In der Umgebung

Église St-Pierre d'Aulnay
| Kirche |

Eine der schönsten romanischen Kirchen auf dem französischen Jakobsweg liegt malerisch inmitten des uralten Friedhofs, auf dem die Vegetation die Gräber allmählich überwuchert. Die zwei imposanten Portale im Westen und Süden sind reich verziert. Hier taucht die Kreuzigung des Petrus auf.

Am beeindruckendsten ist aber das Kircheninnere mit einem langen Chor und einer hohen Kuppel über der Vierung. Hier erzählen Kapitelle die Geschichten von Adam und Eva, Samson und Dalila oder vom Mord an Abel. Ein kurioses Kapitell findet sich im rechten Querhaus, es zeigt drei Elefanten.

■ Route des Saintes, tgl. 9–19 Uhr

Fenioux
| Dorf |

Das abgeschiedene Dorf kann sich rühmen, einen romanischen Kirchenbau und eine Totenlaterne zu besitzen, beide aus dem 12. Jh. Die im Innern sehr schlichte Kirche ziert ein großes, fein bearbeitetes Portal, das in Reliefs Monatsdarstellungen, Tugenden und Laster zeigt. Die abseits stehende Totenlaterne, in deren Innern Stufen empor führen, vermittelt den Eindruck, als sei sie aus elf aneinandergestellten Säulen konstruiert, was sie zu einem recht kuriosen Bau werden lässt.

■ 17350 Fenioux, auf der Höhe von La Potière von der D 127 abbiegen

Übernachten

Zur Entdeckung der Inseln Île de Ré, Île d'Aix und Île d'Oléron muss man nicht auch zwangsläufig dort übernachten, denn vor allem auf der Île de Ré werden je nach Saison gesalzene Hotelpreise verlangt, ist dieses Eiland doch die teuerste Immobilienadresse an der französischen Atlantikküste. La Rochelle bietet hingegen Hotels jeder Komfort- und Preisklasse und liegt strategisch sehr günstig für den Besuch der nahen Île de Ré, zu der von La Rochelle aus eine Brücke hinüber führt. Auch lassen sich von La Rochelle aus Besuche bis hinunter nach Rochefort und selbst nach Saintes unternehmen. Ideal zur Entdeckung der südlichen Charente-Maritime ist sicher Royan, das als angenehmer, wenn auch in der Hochsaison sehr stark frequentierter Küstenort ein gutes Hotelangebot aufweist. Ausflüge auf die Île d'Oléron und bis ins weiter östlich im Landesinnern gelegene Städtchen Cognac sind von hier aus durchaus sinnvoll.

La Rochelle 66

€ | **François 1er** In einem alten Palais wurde das zeitgenössisch durchgestylte Hotel eröffnet, in dem Popmusik und Film bei der Dekoration eine große Rolle spielten. ■ 13–15, rue Bazoges, 17000 La Rochelle, Tel. 05 46 41 28 46, www.hotelfrancois1er.fr

Île de Ré 72

€€ | **Le Sénéchal** Neben klassischen Zimmern gibt es hier Lofts, eine Villa und eine Mühle zu mieten – alles mit viel Stil und erlesenem Geschmack, der allerdings seinen Preis hat. ■ 6, rue Gambetta, 17590 Ars en Ré, Tel. 05 46 29 40 42, www.hotel-le-senechal.com

ADAC *Das besondere Hotel*

Das Konzept, Hotelzimmer um den Lichthof einer alten Fabrik zu gruppieren und auch ansonsten an vielen Stellen den Charakter eines Fabrikgebäudes beizubehalten, ist originell. Immer wieder taucht im **Hotel La Fabrique** grafisch gestaltet das Motiv der Werkzeuge auf, die hier einst verwendet wurden. Doch auf Werkbänken muss man hier nicht schlafen …
€€ | *7–11, rue de la Fabrique, 17000 La Rochelle, Tel. 05 46 41 45 00, www. hotellafabrique.com*

Île d'Aix

€ | **Napoléon** In diesem einzigen und traditionsreichen Hotel der Insel ist zeitgenössisches Design prägend. ■ 18, rue Gourgaud, 17123 Île d'Aix, Tel. 05 46 84 00 77, www.hotel-ile-aix.com

Île d'Oléron

€ | **Hôtel des Bains** Hier lässt sich Hafenluft schnuppern beim Blick aus den modern eingerichteten Zimmern auf die schaukelnden Segelschiffe, die direkt vor der Tür ankern. ■ 1, rue des Quais du 158, 17190 Boyardville, Tel. 05 46 47 01 02, www.hoteldesbains-oleron.com

€ | **La Chaudrée** Sympathisches kleines Hotel im Inselstil mit simplen Zimmern, aber einem schönen Restaurant, zu dem auch eine Terrasse gehört. ■ 17, place Pasteur, 17840 La Bree les bain, Tel. 05 46 47 81 85, www.hotel-la-chaudree.com

Royan

€ | **Foncillon** Vor allem die Zimmer der oberen Etagen in diesem Hotel überzeugen durch ihren Meerblick und der kleine Strand von Foncillon liegt beinahe vor der Tür. ■ 57, avenue des Congrès, 17200 Royan, Tel. 05 46 38 48 00, www.hotel-foncillon.com

€ | **Le Trident Thyrse** Das Hotel, das direkt an der Uferpromenade von Royan gelegen ist, versprüht Retro-Charme. Die Zimmer sind zwar ein wenig spartanisch, dafür aber sehr geschmackvoll mit Originalmöbeln aus den 1950er-Jahren eingerichtet. ■ 66, boulevard Frédéric Garnier, 17200 Royan, Tel. 05 46 05 12 83, www.letrident thyrse.fr

Talmont-sur-Gironde/ Meschers-sur-Gironde

€ | **Les Grottes de Matata** Die wenigen einfach eingerichteten Zimmer wurden in die Millionen Jahre alten Grotten gebaut. Der Ausblick auf die Gironde ist einmalig. ■ 67, boulevard de la Falaise, 17132 Meschers-sur-Gironde, Tel. 05 46 02 70 02, www.grottesdematata.com

Saintes

€ | **Souvenirs de Familles** Die Besitzer des familiengeführten Hauses haben ihr renoviertes Hotel sehr persönlich eingerichtet, denn Tradition verpflichtet und das Ergebnis hat durchaus Stil. ■ 2, rue Jean Moulin, 17100 Saintes, Tel. 05 46 74 91 60, www.souvenirs-de-familles.com

Cognac

€€ | **Domaine du Breuil** Der stattliche Landsitz einer ehemaligen Cognac-Domaine liegt in einem herrlichen Park am Stadtrand von Cognac mit sehr gutem Restaurant, familiärer Atmosphäre und vor allem einer grandiosen Cognac-Bar. ■ 104, rue Robert-Daugas, 16100 Cognac, Tel. 05 45 35 32 06, www.hotel-domaine-du-breuil.com

Saint-Jean-d'Angély

€ | **Hotel de la Place** Das sehr ambitioniert geführte, kleine Hotel liegt ideal im Zentrum. Dazu gehören ein beliebtes Restaurant sowie ein kleiner Innenhof. ■ Place de l'Hôtel de ville, 17400 Saint-Jean-d'Angély, Tel. 05 46 32 69 11, www.hoteldelaplace.net

Les Landes – dichter Wald so weit das Auge reicht

Die einstige Heidelandschaft bestimmen heute Baumreihen. Frankreichs größtes Waldgebiet bietet Stille, aber auch unberührte Strände

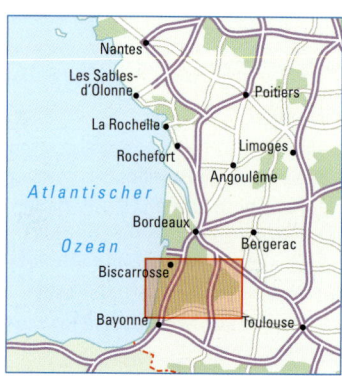

dern. Hier grenzen die Landes an das französische Baskenland im Departement Pyrénées-Atlantique. Doch auch das Landesinnere hat seine Reize, wie das Freilichtmuseum von Marquèze und noch weiter im Osten das pittoreske Dörfchen Labastide d'Armagnac, eine typische Bastide aus dem hohen Mittelalter. Am Südrand der Landes gibt es Dax, Frankreichs meistbesuchten Thermalkurort, mit seinen heißen Quellen zu entdecken.

Südwestlich von Bordeaux beginnt die weite Heidelandschaft (Landes), die mit dichten Kiefernwäldern abwechselt, die überwiegend im 19. Jh. zur Stabilisierung der Küsten und der Urbarmachung großer Sumpf- und Moorgebiete vom Menschen gepflanzt wurden. Eine gewisse Eintönigkeit könnte sich bei den stets in Reih und Glied stehenden Baumreihen einstellen, wären da nicht in Küstennähe die schönen Binnenseen zwischen Sanguinet und Mimizan, die angenehme Abwechslung bringen. Von der glorreichen Vergangenheit der schwerfälligen Flugboote, die früher einmal vom großen Binnensee von Biscarosse abhoben, erzählt ein ungewöhnliches Museum, das unbedingt besucht werden sollte. Einmal an den endlosen Sandstränden der Côte d'Argent angelangt, könnte man theoretisch über 100 Kilometer bis hinunter zur Mündung des Adour wan-

In diesem Kapitel:

ADAC Top Tipps:

 Labastide d'Armagnac
| Bastide |

Eine klassische Bastide wie aus dem Bilderbuch, gegründet im Namen des Königs und noch heute (fast) pures Mittelalter. 95

ADAC Empfehlungen:

 Marquèze
| Freilichtmuseum |
Ein Besuch im Freilichtmuseum von Marquèze ist die perfekte Zeitreise. Hier können Besucher tief ins bäuerliche Leben des 19. Jh. in den Landes eintauchen. 94

 Dax
| Stadtbild |
Hier geht es heiß her, dafür sorgen die heilende Thermalquellen von Dax, die schon die Römer zur Entspannung schätzten und die noch heute zahlreiche Kurgäste locken. 99

 Courant d'Huchet
| Naturschutzgebiet |
Vom Seeufer zum Atlantikstrand schlängelt sich dieser romantische Flusslauf, man folgt ihm als Wanderer oder an Bord schmaler Barken. 101

33 Sanguinet

Ein Badeort mit kleinen Sandstränden an einem großen Binnensee

 Information

■ Office de Tourisme, place de la Mairie, 40460 Sanguinet, Tel. 05 58 78 67 72, www.sanguinet.com

Der Ort, an dessen Stelle bereits das gallorömische Dorf Losa nachgewiesen werden konnte, liegt am Ostufer des zweitgrößten französischen Binnensees. Unterwasserarchäologen entdeckten im See die Überreste eines kleinen Tempels und einer römischen Straße. Auch fanden sich Pirogen (Einbäume) aus Kiefern- und Eichenholz, die teilweise bis zu 3000 Jahre alt sind. Heute locken vor allem die kleinen Sandstrände direkt am See. Die Wasserqualität ist hervorragend und daher ist der See sehr fischreich.

34 Biscarrosse

Beliebter Küstenort mit kilometerlangen feinen Sandstränden

 Information

■ Office de Tourisme des Grands Lacs, 55, place Georges Duffau, 40602 Biscarrosse, Tel. 05 58 78 20 96, www.biscarrosse.com

Hier konkurrieren drei Ortsteile miteinander, Biscarrosse-Plage, das die Sonnenhungrigen an die Strände lockt, Biscarrosse-Ville, der kleine Ortskern im Landesinnern, der einst zur Bewirtschaftung der Kiefernwälder

Zieht mit seinen langen, feinen Sandstränden viele Badefreunde an: Biscarrosse

gegründet wurde, und schließlich Biscarrosse-Lac, das am See liegt. Seit den 1930er-Jahren wurde hier auch das wichtigste Kapitel des Ortes aufgeschlagen, seine Rolle als Stützpunkt von Wasserflugzeugen. Die Firma Latécoère montierte hier am Seeufer ihr berühmtes sechsmotoriges Flugboot Latécoère 631 zusammen, das damals den Titel des größten Flugbootes der Welt trug. Von einstiger Bedeutung zeugt noch die Flugbootbasis, die heute Teil eines militärischen Sperrgebiets ist. Flugboote, die von hier über den Atlantik starteten, konnten sich aber letztlich nicht gegen die Konkurrenz der Landflugzeuge durchsetzen. Ein sehenswertes Museum zeichnet die Geschichte nach.

 Sehenswert

Musée de l'Hydraviation

| Museum |

Der Standort des Museums mit seinen großen Hangars könnte besser nicht gewählt sein, denn von hier starteten in den 1930er-Jahren mehr als 120 gewaltige Flugboote zur Atlantiküberquerung. Berühmte Piloten wie Saint-Exupéry saßen damals in den Cockpits. Fotos und Dokumentarfilme illustrieren diese glorreiche Zeit. Auch einige Flugboote werden ausgestellt. Der Arbeit von Piloten und Crew widmet man sich ebenso wie dem Nachleben der Luftfahrt mit Wasserflugzeugen. Diese dienen heute weltweit im Kampf gegen Waldbrände und erschließen schwer zugängliche Regionen, die als Landebahn nur Flussläufe bieten. Für heutige Betrachter recht kurios wirken die bunten Plakate, die einst für die Flugverbindung der Air

ADAC *Wussten Sie schon?*

Wer auf der Düne von Pilat steht, der überblickt das **größte zusammenhängende Waldgebiet Westeuropas**, die Landes de Gascogne. Doch die unendlich scheinenden Reihen von Kiefern hat nicht die Natur selbst sich ausgedacht, sondern der Mensch. Nach der letzten Eiszeit hatte sich das Meer zurückgezogen und der stete Westwind trug enorme Mengen Sandes von den Küsten ins Inland. Seegras zur Stabilisierung der Sanddünen half nicht mehr und so setzte man bereits im 18. Jh. massiv auf die Pflanzung der einheimischen Kiefer. An einigen Stellen galt es auch Sümpfe trocken zu legen. Und die Holzverarbeitung wurde zu einem der wichtigsten Wirtschaftszweige der Landes.

France von Biscarrosse auf die französischen Antillen warben.

■ 332, avenue Louis Breguet, Tel. 05 58 78 00 65, www.hydravions-biscarrosse.com, Juli/Aug. tgl. 10–19, sonst Di–So 14–18 Uhr, 4 €, erm. 3 €, unter 14 J. frei

 Sport

Der große Binnensee Lac de Cazaux nördlich von Biscarrosse bietet ideale Vorraussetzungen für Wasserski. ■ École de ski nautique, Port Maguide, Tel. 06 19 55 09 19, www.bisca-skinautic.com, Mitte Mai–Sept.

 Erlebnisse

Flüge Die unendlichen Sandstrände der Landes, die Düne von Pilat und die Seen aus der Vogelperspektive zu erleben, bleibt unvergesslich. Vom Sport-flugplatz in Biscarrosse starten Zwei-sitzer-Propeller-Flugzeuge, aber auch Wasserflugzeuge. ■ Aquitaine hydra-vions, 633, avenue Jodel, Tel. 06 08 92 41 64, www.aquitaine-hydravions.fr, ganzjährig

Greeters Mehr über das Leben in den Landes, ihre Geschichte und Gastro-nomie und vieles andere erfährt man von den Greeters, Einheimischen, die kostenlos Interessierte treffen und mit ihnen Zeit verbringen. ■ Kontaktfor-mular unter www.greeters.online, nur auf Englisch oder Französisch

35 Mimizan

Der versandete Hafen machte im 19. Jh. Karriere als Badeort

Information

■ Office intercommunal de Tourisme, 38, avenue Maurice Martin, 40200 Mimi-zan, Tel. 05 58 09 11 20, www.mimizan-tourisme.com

Von der gallorömischen Epoche bis zum 7. Jh. war Mimizan ein florierender Hafen. Dann versandete der einstige Küstenort und die Atlantiklinie schob sich weiter nach Westen, wo heute herrliche Strände Urlauber locken und die Wirtschaft am Laufen halten. Im 19. Jh. hatte man sich auf Holzverarbei-tung und Papierherstellung speziali-siert, bis später der Badetourismus in Mode kam. Der Ortskern, der jetzt im Landesinnern liegt, zeigt noch Spuren des Mittelalters im ehemaligen Bene-diktinerkonvent, von dem der Vorhal-lenturm einer Kirche überdauert hat, deren Pracht dem Zug der Jakobs-pilger im 12. Jh. geschuldet war.

Sehenswert

Musée Prieuré
| Museum |

Einziger Überrest des mittelalterlichen Mimizan ist das Westwerk der Kirche des früheren Benediktinerkonvents, der heute recht unscheinbar an der Hauptstraße liegt, die Mimizan mit sei-nem Ortsteil am Meer verbindet. Im In-nern verbirgt sich eines der schönsten Westportale des französischen Süd-westens. Um 1200 fertiggestellt, faszi-nieren die aus dem Stein geschlagenen Darstellungen von Christus und den Aposteln, vor allem die des Jakobus, zu dessen Grab die Pilger unterwegs waren, die in Mimizan Station mach-ten. Farbreste der Reliefbemalung sind erstaunlich gut erhalten. Jüngere Wandmalereien aus dem 15. Jh. sind ebenso zu bestaunen wie ein kleines Museum in einem Nebenhaus.

■ 39, rue de l'Abbaye, Tel. 05 58 09 00 61, musee.mimizan.com, Di–Sa 14.30–18, Mitte Sept.–Ende Nov., März–bis Mitte Juni Mi–Fr 14.30–18 Uhr, 4 €, erm. 3 €, unter 14 J. frei

36 Marquèze

 Im perfekt inszenierten Freilicht-museum reist man ins 19. Jh.

■ Route des la Gare, 40630 Sabres, Tel. 05 58 08 31 31, www.marqueze.fr, tgl. 9.30–18 Uhr, Zugang zum Freilicht-museum NUR mit dem Zug (ab Sabres 10 Min.), ab Sabres alle 10 Min., ab Mar-quèze alle 40 Min, Fahrplan im Internet, 13,50 €, erm. 11 €, 5–18 J. 9 €, Familien (2 Erw.+2 Jugendl.) 38 €

In Sabres besteigt man einen histori-schen Zug, der einst die Produkte der

Architektur aus verschiedenen Zeitaltern in Labastide d'Armagnac

Landes wie Holz und hier gewonnenes Harz zu den Atlantikhäfen transportierte. Nach zehnminütiger Fahrt ist das Dorf erreicht, in dem die Zeit stehen geblieben zu sein scheint. Hühnerhof, Kräutergärten, Bienenstöcke, Brotöfen oder Schafställe samt ihrer entsprechend kostümierten Besitzer wollen entdeckt werden. Dabei lernen die Besucher auch die Arbeit des Harzsammlers kennen, der hierfür 25 bis 30 Jahre alte Kiefern anschnitt, oder die des Müllers. Für ein ganzes Areal mit typischen Architekturen der Heidelandschaft wie dem Haus des Landarbeiters oder des Pachtbauern wurden solche nachgebaut oder im Original andernorts ab- und hier wieder aufgebaut. Gelegentlich dokumentieren zudem noch Ausstellungen mit historischen Fotografien, wie das Leben in den Landes vor über 150 Jahren ausgesehen hat.

37 Labastide d'Armagnac

 Die Bilderbuch-Bastide pflegt ihren mittelalterlichen Charme

i Information

■ Office de Tourisme des Landes d'armagnac, place Royale, 40240 Labastide d'Armagnac, Tel. 05 58 44 67 56, www.tourisme-landesdarmagnac.fr

Parkende Autos sind hier vom Hauptplatz, der Place Royale, verbannt und so konnte der mit einfacher Erde und eben nicht mit Steinen befestigte Platz sein mittelalterliches Aussehen bewahren. Umstanden von Häusern unterschiedlicher Jahrhunderte, die dennoch ein harmonisches Gesamtbild abgeben, sind es vor allem die durchlaufenden Arkaden, die faszinieren.

Im Blickpunkt

Bastiden: Planstädte des Mittelalters

Die Könige Frankreichs und Englands (beide Reiche grenzten im heutigen Südwestfrankreich jahrhundertelang aneinander), aber auch einige Lokalfürsten betätigten sich während des 13. und 14. Jh. als Stadtplaner. Sie gründeten sogenannte Bastiden, um hier die oft weit auseinander siedelnde Landbevölkerung besser kontrollieren, aber auch vor Raubüberfällen und bei Kriegen besser schützen zu können. Der Stadtplan war immer gleich angelegt: Um einen von Arkadengängen umschlossenen zentralen Marktplatz mit Kirche wurde ein rechtwinkliges Raster von Straßen angelegt. Diese befestigten Dörfer erhielten Marktrecht und weitere Privilegien. Labastide d'Armagnac ist eine der am besten erhaltenen und ursprünglichsten Bastiden.

Wo einst Handel getrieben wurde, haben sich Cafés und Bistros, aber vor allem Geschäfte angesiedelt, die den Weinbrand der Gegend, den Armagnac, verkaufen. In der Kirche, in die ein alter Wehrturm verbaut wurde, ist eine grandiose Trompe-l'œil-Wanddekoration des 16. Jh. erhalten, die die gemalte Illusion einer klassischen Tempelfront wiedergibt, vor der sich der Altar aufbaut.

St-Sever

Das ruhige Städtchen über dem Adour trumpft mit einer Abteikirche auf

Information

■ Office de Tourisme, place du Tour du Sol, 40500 St-Sever, Tel. 05 58 76 34 64, www.saintsever-capdegascogne-tourisme.com
■ Parken: siehe S. 98

Vom Aussichtspunkt neben der Stierkampfarena von 1932 (avenue de Morlanné) aus überblickt man das Flussbett des Ardour. In dieser expo-nierten Lage auf dem Plateau von Morlanne fühlten sich bereits die Römer wohl, was durch Fundstücke im Musée des Jacobins belegt wird. Den Ort prägt jedoch besonders die mittelalterliche Abtei St-Sever, die nach dem Märtyrer Severus benannt ist, der mit abgeschlagenem Kopf noch bis an diese Stelle gelaufen sein soll, um hier bestattet zu werden. Später entstand hier eine große Benediktinerabtei, deren Terrain im 11. Jh. befestigt wurde und weitere Orden wie die Jakobiner anzog. Heute spielt sich das Leben von St-Sever vor und hinter der ehemaligen Abteikirche ab. Die Place du Tour-du-Sol vor dem Kirchenportal umstehen elegante Arkadenhäuser und die Place de Verdun bietet von ihren Bistroterrassen aus einen herrlichen Blick auf die Chorkapellen.

Sehenswert

Abbaye bénédictine
| Abtei |
Das Ende des 10. Jh. gegründete Kloster besaß Ländereien und Schwester-

kirchen bis hinunter nach Spanien. 1065 entstand die Abteikirche, die diesen Reichtum angemessen widerspiegeln sollte. Doch der größte Schatz und Garant für üppige Pilgerspenden war das Haupt des hl. Severus, das jedoch in den Religionskriegen zerstört wurde. Die Größe des Kirchenbaus mit seinen sieben Chorkapellen und der geräumigen Empore weist darauf hin, dass hier zahlreiche Pilger unterzubringen waren. Besonders sehenswert sind die gut erhaltenen romanischen Kapitelle, teilweise im 19. Jh. farbig gefasst, die etwa Daniel in der Löwengrube oder das Gastmahl des Herodes zeigen, bei dem es ja auch um eine Enthauptungsszene ging. Sogar einige römische Säulen und Kapitelle wurden hier verbaut.

■ Place du Tour de Sol

Musée des Jacobins
| Museum |

Neben archäologischen Fundstücken zeigt das Museum im ehemaligen Jakobinerkonvent auch in großen Diapositiven Blätter aus dem berühmten Beatus. So nennen sich illuminierte Handschriften zum Apokalypsen-Kommentar des Beatus, eines Mönches des 8. Jh., von denen nur wenige erhalten blieben. Die einzige, die in Frankreich angefertigt wurde, stammt aus St-Sever. Das selten öffentlich gezeigte Original verwahrt die französische Nationalbibliothek in Paris. Qualität und Naturtreue in der Darstellung von Menschen und Tieren zeichnen dieses Exemplar aus. Auch wenn im Musée des Jacobins nicht das Original gezeigt werden kann, so fasziniert doch auch die Reproduktion.

Die Abtei St-Sever mit farbigem Skulpturenschmuck liegt auf dem Jakobsweg

■ Rue du Général Lamarque, im Couvent des Jacobins, Tel. 05 58 76 34 64 (Office de Tourisme), Mo–Sa 14–18 Uhr, Eintritt frei

 Parken

Beste Parkmöglichkeiten finden sich auf der Place Morlanné vor der Stierkampfarena, die nur wenige Minuten zu Fuß von der Benediktinerabtei entfernt liegt.

 Restaurants

€€ | **L'Art des Mets** Rustikal mit zeitgenössischen Akzenten eingerichtet, angenehme Terrasse und vor allem moderate Preise für eine fantasievolle, aber regionale Küche. ■ 1, chemin du Prouyan, Tel. 05 47 87 90 41, www.lartdes metsaintsever.com, tgl. 12–13.30, Fr, Sa auch 19.30–21 Uhr

39 Abbaye de Sorde

Im Chor der Kirche wurden meisterlich verlegte Mosaike gefunden

■ 43000 Sorde l'Abbaye (D 29), Tel. 05 58 73 09 62, http://monastere.paysdorthe.fr, Führungen: März, Nov. Mo–Fr 15, 16, April–Juni, Okt. Di–So 15, 16, 17, Juli–Sept. Mo–Sa 11, 12, 15, 16, 17 18, So 15, 16, 17, 18 Uhr

Unter Teilen der heutigen Abteibauten an den Ufern des Flüsschens Gave liegen Reste einer römischen Villa, die Ausgrabungen sind noch nicht abgeschlossen. Das nur noch als eindrucksvolle Ruine aufrecht stehende ehemalige Refektorium der Abtei, die Terrasse und der seltsame unterirdische Gewölbegang am Flussufer sind ausschließlich im Rahmen einer Führung

Etappenziel für Jakobspilger: die Abteikirche von Sorde

zu besuchen. In der frei zugänglichen Abteikirche wurde ein seltenes mittelalterliches Bodenmosaik freigelegt, das aus dem 11. Jh. stammt und in geometrische Muster verschlungene Tiere zeigt.

40 Dax

 Thermalquellen sind noch heute der wichtigste Wirtschaftszweig

i Information

■ Office de Tourisme, 11, cours Maréchal Foch, 40104 Dax, Tel. 05 58 56 86 86, www.dax-tourisme.com
■ Parken: siehe S. 101

Mal wieder waren es die Römer, die wohl als Erste die Thermalquellen des kleinen keltischen Weilers am Ufer des Ardour für sich entdeckten und ausgiebig nutzten. Spätestens seit dem 2. Jh. lassen sich in Dax Tempel und Thermen der Römer nachweisen. Noch heute lebt die Stadt von der Qualität ihrer heißen Quellen. An der Fontaine Chaude in der Stadtmitte sprudelt es ununterbrochen. Im reinsten Art-Déco-Stil entstanden um 1930 das Casino und die Luxusherberge Le Splendid (cours de Verdun), um anspruchsvolle Kurgäste zufriedenstellen zu können. Schon im späten 19. Jh. hatte Dax seine mittelalterlichen Stadtmauern gesprengt und so entstand die Stierkampfarena etwas außerhalb der Altstadt. In der Fußgängerzone von Dax liegt das sehenswerte Musée Borda, das in einem alten Karmelitenkonvent die wechselvolle Stadtgeschichte nachzeichnet, die sich auch gut an der gewaltigen Kathedrale ablesen lässt. Hier schlägt der

Hier sprudeln täglich 2,4 Mio Liter heißes Wassser

Puls von Dax, liegt doch die Markthalle (Di–Sa 7–19 Uhr) direkt vor ihrer Tür. Der bunte Wochenmarkt auf dem Kathedralvorplatz zieht samstags nicht nur die Einheimischen an.

Sehenswert

La Fontaine chaude
| Thermalquelle |

Das Wasser, das hier ständig aus mehreren Öffnungen sprudelt, steigt aus knapp 2000 m Tiefe mit einer Temperatur von 64 °C auf. Der Name »heißer Brunnen« hat daher durchaus seine Berechtigung. Im 19. Jh. wurde er als von Säulen umstandenes Bassin neu gestaltet, das an antike Vorgänger erinnern soll. In den 2,4 Mio. Litern

Wasser, die hier täglich sprudeln, entwickeln sich auch Algen, die, vermischt mit dem Schlamm des Adour und dem Thermalwasser, von den Kurgästen bei der Fangotherapie geschätzt werden.

■ Place de la Fontaine Chaude

Arènes
| Stierkampfarena |
Die Arena mit ihrem markanten Eingangstor wurde 1913 mit einem Fassungsvermögen von 8500 Plätzen geschaffen. Neben dem blutigen Stierkampf, der »corrida«, finden hier auch Kulturveranstaltungen, aber vor allem auch die unblutigen »courses landaises« statt, bei denen flinke Athleten sich spielerisch mit dem Stier messen.

■ 10, boulevard Paul Lasaosa

Musée Borda
| Museum |
Der Orden der Karmeliten in Dax wurde von den begüterten Gläubigen in der Stadt reich beschenkt, sodass im 16. Jh. ein stattliches Gebäudeensemble errichtet werden konnte. Mit der Französischen Revolution verschwand der Orden und ein Frauengefängnis zog hier für einige Jahre ein. Erst im 20. Jh. wurden Restaurierungsmaßnahmen ergriffen, um zumindest die Kirchengebäude zu retten. Seit 2006 hat das städtische Musée Borda das Kirchenschiff und mehrere Kapellen bezogen, in denen Wechselausstellungen aus der umfangreichen Sammlung zu Archäologie, Ur- und Frühgeschichte sowie zur Stadtentwicklung gezeigt werden. Die Geschichte des Stierkampfes in Dax gehört auch dazu.

■ 11, rue des Carmes, Tel. 05 58 74 12 91, www.dax.fr, Mo–Sa 14–18 Uhr

Cathédrale Notre-Dame
| Kirche |
Der von außen sehr wuchtig wirkende Kirchenbau gibt durchaus Rätsel auf, wenn man sein Inneres betritt. Einem romanischen war ein goti-

Hundertjährige Olivenbäume auf dem Kathedralenvorplatz in Dax

scher Bau gefolgt, bis dieser dann im 17. Jh. einstürzte und durch den aktuellen Bau im Stil der Spätrenaissance ersetzt wurde. Ein imposanter Überrest der bedeutenden gotischen Vorgängerkirche hat sich im Innern erhalten. Das reich verzierte einstige Westportal zeigt noch ein großes Weltgericht. Die Apostel im Gewände sind fast zwei Meter groß und von bester Qualität, was auf Bildhauer aus der Zeit der großen Kathedralen Nordfrankreichs hinweist. Das Kurioseste bei einer Besichtigung der Kirche bleibt jedoch, hier vor einem riesigen Außenportal zu stehen, das zum Schutz ins Innere der Kirche geholt wurde.

■ Place Roger Ducos, 9–12, 14.30–19, So 8.30–12, 16–19 Uhr

 Parken

Auf dem großen Parkplatz in der rue Chanzy oder im zentralen Parkhaus Parking des Halles (rue de la Halle).

 Restaurants

€ | **El Meson** Eine urige Tapasbar nach spanischem Vorbild, in der es aber auch andere spanische Gerichte gibt. ■ 18, place Camille Bouvet, Tel. 05 58 74 64 26, www.el-meson-40.fr, Di–Fr 12–14, Di–Sa 19–23 Uhr

 Einkaufen

Cazelle – Madeleines de Dax Jeder kennt die berühmten aus Sandteig gebackenen Madeleines, die es in jedem Supermarkt zu kaufen gibt. Die Madeleines von Cazelle, seit 1906 natürlich nach Geheimrezept hergestellt, sind besonders gut und vor allem

ADAC *Mittendrin*

Irgendwo zwischen Akrobatik und Stierkampf ist die »**course landaise**«, die unblutige Variante der spanischen »corrida« angesiedelt, hautnah mitzuerleben z. B. Mitte August bei der Feria, dem mehrtägigen rauschenden Volksfest in den Straßen und der Arena von Dax in den südlichen Landes. Die Zuschauer in der 8000 Menschen fassenden Arena jubeln, wenn wieder ein »écarteur«, ein junger Torero, dem heranstürmenden Stier geschickt ausgewichen (frz. »écarter«) ist. Noch mehr beklatscht werden die Stierspringer, die »sauteurs«, die über das eine halbe Tonne wiegende Rindvieh hinweg springen.

http://feria.dax.fr

täglich frisch. Sie sollten innerhalb einer Woche verspeist werden. ■ 6, rue de la Fontaine Chaude, Tel. 05 58 74 26 25, www.madeleines-dax.com

41 Courant d'Huchet

 Der Küstenfluss verbindet den Étang de Léon mit dem Atlantik

Seit 1981 sind die knapp 10 Kilometer Flusslauf als nationales Naturreservat geschützt. Fischotter, Nerze, seltene Reiherarten, Sumpfschildkröten und Wildschweine können einem auf den Wanderwegen begegnen, die größtenteils dem Fluss folgen. Bester Ausgangspunkt ist der Parkplatz an der D 328, die hier den Courant d'Huchet inmitten von Kiefern- und Korkeichenwäldern überquert. Privater Bootsverkehr ist auf dem Courant verboten.

Verkehrsmittel

Boot Eine organisierte Fahrt auf dem Courant d'Huchet mit einer »galupe« (flache Barke) ist ein einmaliges Erlebnis. Ein Bootsverleih befindet sich am Südrand des Étang du Lac in Léon mit verschiedenen Angeboten. ■ Rue des berges du lac (D 409), Tel. 05 58 48 75 39, www.bateliers-courant-huchet.fr, April–Okt. mit Reservierung nur telefonisch, 2 Abfahrten tgl., Dauer 2–4 Std., 13–25 €

42 Hossegor

Surfer aus aller Welt kommen wegen der hohen Wellen hierher

i Information

■ Office de Tourisme, 166, avenue de la Gare, 40150 Hossegor, Tel. 05 58 41 79 00, www.hossegor.fr

Der Name »Hossegor« verweist im Gaskonischen auf einen tiefen Graben, der direkt vor der Küstenlinie liegt und der für die außerordentliche Brandung und Wellenformationen sorgt. Das Besondere ist, das die Wellen hier über eine lange Distanz anrollen, was die Surfer schätzen, die von weit her an diesen Küstenabschnitt reisen. Seit im Jahr 2001 an diesen feinsandigen und unendlich scheinenden Stränden die Weltmeisterschaft im professionellen Wellenreiten ausgetragen wurde, hat sich Hossegor wie zuvor Biarritz zu einem internationalen Hotspot für Surfer entwickelt. Doch schon in den 1950er-Jahren kamen erste Wellenreiter an den zentralen Strand (Plage centrale). An der Promenade kann man sich ganzjährig unter die Schaulustigen mischen, die den offenbar kälteresistenten Sportlern zuschauen.

Nach Hossegor kommen Surfer auf der Suche nach der perfekten Welle

Übernachten

In der ausgedehnten Kiefernlandschaft der Landes gibt es nur ein kleines Hotelangebot, von den Badeorten an der Côte d'Argent zwischen Biscarrosse und Hossegor einmal abgesehen. Die Preise liegen unter denen an der nördlichen Côte d'Argent. Zweifellos die größte Auswahl an Hotels hat man im begehrten Thermalkurort Dax, das sich somit auch als guter Standort für die Erkundung der Landes eignet.

Biscarrosse 92

€€ | **La Caravelle** Das familiäre Hotel liegt am See Étang de Biscarosse. Boots- und Fahrradverleih gehören zum Komfort. ■ 5314, route des Lacs, 40600 Biscarrosse, Tel. 05 58 09 82 67, www.lacaravelle.fr, März–Okt.

€€€ | **Le Grand Hotel de la Plage** Die traumhafte Lage dieses Hotels mit Restaurant und Bar hat ihren Preis, aber die Zimmer mit Balkon bieten einen unverstellten Blick auf den Atlantik. ■ 2, avenue de la Plage, 40600 Biscarrosse, Tel. 05 58 82 74 00, www. legrandhoteldelaplage.fr

Mimizan 94

€ | **Bellevue** Nur wenige Schritte sind es von diesem lichten Hotel bis zur Strandpromenade, hier ist man mitten drin im Badeort Mimizan-Plage. ■ 34, avenue Maurice Martin, 40200 Mimizan, Tel. 05 58 09 05 23, www.hotel-bellevue-mimizan.com

€ | **Hotel de France** Auch für wenig Geld gibt es hier farbenfrohe Zimmer, die zum Teil sogar über einen Balkon oder eine kleine Terrasse verfügen. ■ 18, avenue de la Côte d'Argent, 40200 Mimizan, Tel. 05 58 09 09 01, www.hotel defrance-mimizan.com

Dax 99

€ | **Hôtel de Jouvence** Das Hotel überzeugt vor allem durch seine Lage im Zentrum von Dax. Die Zimmer sind zweckmäßig eingerichtet und teilweise recht groß. ■ 18, rue de la fontaine chaude, 40100 Dax, Tel. 05 58 90 16 46, www.hoteldejouvence.fr

€€ | **Le Richelieu** Beliebt bei Kurgästen, die hier auch von der guten Restaurantküche profitieren. Die Zimmer sind konservativ, aber korrekt eingerichtet. ■ 13, avenue Victor Hugo, 40100 Dax, Tel. 05 58 90 49 49, www. hotel-richelieu-dax.com

€€€ | **Le Splendid** Im Art-déco-Bau von 1928 hat sich das Splendid gerade von Grund auf modernisiert, aber das mondäne Ambiente der Epoche ist erhalten geblieben. ■ 2, cours de Verdun, 40100 Dax, Tel. 08 25 87 99 02, www.splendid-hotel-spa.com

Hossegor 102

€€ | **Hotel de la Plage** Hier weht die Seeluft direkt ins Fenster. Neun der zwölf Zimmer zeigen aufs Meer. Lockere Atmosphäre mit stets gut besetzter Bar und Terrasse. ■ 94, place des Landais, 40150 Hossegor, Tel. 05 58 41 76 41, www.hotel-hossegor.fr

Pyrénées-Atlantiques – französisches Baskenland

Im Schatten von Pyrenäen und spanischer Grenze wird die baskische Identität mit ihren Traditionen, Farben und Festen großgeschrieben

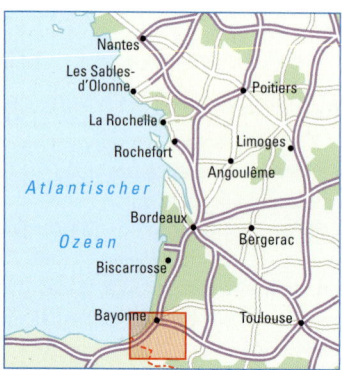

Es gibt keinen besseren Auftakt für die Erkundung des Baskenlands als den Besuch von Bayonne, das mit seiner typischen Architektur und Lebensart die ganz eigene Identität des »pays basque« und den Stolz darauf sofort sichtbar verkörpert. Die Stadt am Adour ist das Tor zu einem Landstrich im äußersten Südwesten Frankreichs, der vieles auf einmal und auf relativ kleinem Gebiet bietet: herrliche Strände zwischen Biarritz und St-Jean-de-Luz, eine leicht hügelige Landschaft dahinter sowie einen Vorgeschmack auf die Bergwelt der Pyrenäen an der spanischen Grenze. Die küstennahe der drei historischen Provinzen des »pays basque« ist das Labourd, das heute vor allem für das mondäne Seebad und den Surfer-Hotspot Biarritz bekannt ist. Ruhiger und idyllisch in eine üppige Natur eingebettet liegen die kleinen Orte im Hinterland der Küste wie das sehr gepflegte Kurbad Combo-les-Bains und die schmucken Dörfer Ascain, Sare und Ainhoa.

In diesem Kapitel:

ADAC Top Tipps:

 Bayonne
| Stadtbild |

Malerisch, selbstbewusst und vor allem lebendig präsentiert sich das »Aushängeschild« des französischen Baskenlandes, das nicht nur wegen des bekannten Schinkens einen Besuch wert ist. 106

 St-Jean-de-Luz
| Stadtbild |

Das pittoreske Hafenstädtchen mit enorm viel Charme empfing einst den jungen Ludwig XIV., der hier seine Hochzeit feierte. 114

ADAC Empfehlungen:

La Table de Pottoka, Bayonne
| Restaurant |
Hier entdeckt ein Koch, der sich im
fernen Paris einen Namen gemacht
hat, seine baskischen Wurzeln wieder
und interpretiert sie neu. 109

Rocher de la Vierge, Biarritz
| Aussichtspunkt |
Bei starker See, wenn die Brandung
die Eisenbrücke erreicht, ist das Riff
unzugänglich – aber das Marien-
bildnis trotzt allen Stürmen. 112

Train de la Rhune
| Zahnradbahn |
Auf den höchsten Punkt des Pyrenäen-
Vorlands gelangt man zu Fuß oder mit
der Bahn und blickt von hier auf die
Küste und nach Spanien. 117

Lasthiry, Sare
| Restaurant |
Ein überzeugendes Restaurant samt
Terrasse unter schattenspendenden
Platanen auf dem Dorfplatz. 118

Ainhoa
| Stadtbild |
Das Prädikat, eines der »schönsten
Dörfer Frankreichs« zu sein, trägt
Ainhoa mit den hübsch restaurierten
Häuserfassaden zu Recht. 119

43 Bayonne

Die Stadt an Nive und Adour ist das Tor zum Baskenland

ℹ Information

- ◼ Office de Tourisme, place des Basques, 64108 Bayonne, Tel. 05 59 46 09 00, www.bayonne-tourisme.com
- ◼ Parken: siehe S. 108

Vielen wird zunächst der berühmte Schinken einfallen, der die Stadt weltweit bekannt machte. Ob aber auch das Bajonett wirklich auf Bayonner Soldaten zurückgeht, die sich mit dieser Stichwaffe im 17. Jh. zur Wehr setzten, ist nicht so genau geklärt. Heute ist Bayonne das Tor zum Baskenland und somit Botschafter der baskischen Kultur und Lebensart. Auf

Baskisch heißt Bayonne »Baïona«, was »guter Fluss« bedeutet. Der Adour, der hier entlangführt, und der nahe Atlantik machten aus der Stadt einen wichtigen Handelshafen. Durch die Altstadt fließt malerisch die Nive und die hübschen schmalen Gassen sind von Fachwerkhäusern und den typisch dunkelroten Fensterrahmen geprägt. Die alte Burg, das »château-vieux« (nicht zugänglich), kontrastiert mit dem eleganten Theaterbau am Nive-Ufer. Die Rue du Pont-Neuf und die Rue d'Espagne sind einkaufswütigen Fußgängern vorbehalten, während die Kathedrale, das Musée Basque und das Musée Bonnat Kulturbegeisterte anziehen. Auch die etwas abseits gelegene Stierkampfarena und vor allem die große Markthalle sind auf jeden Fall einen Besuch wert.

Die für Bayonne charakteristische Häuserfront am Ufer der Nive

● Sehenswert

Cathédrale Sainte-Marie
| Kathedrale |
Nachdem der romanische Vorgänger-
bau Anfang des 13. Jh. abgebrannt war,
holte man offenbar einen Architekten
aus Nordfrankreich, der eine Kathedrale im Stil der Hochgotik errichtete. Bis
heute werden hier die Reliquien des hl.
Leon, im 9. Jh. Bischof in Bayonne, aufbewahrt. Die Fenster der Hierony-
mus-Kapelle (vorletzte im linken Sei-
tenschiff) zeigen den von Aposteln
begleiteten Christus, den eine Frau aus
Kana bittet, ihren vom Teufel besesse-
nen Sohn zu heilen. Die Darstellung
von Perspektive, Natur, Kleidung und
Architektur wurde von Renaissance-
Glasmalern meisterhaft ausgeführt.
■ Place Mgr Vansteenberghe, Tel. 05 59 59
17 82, Mo–Sa 7–19, So 7.30–13, 16–20 Uhr

Cloître
| Kreuzgang |
Drei Seiten des südlich an die Kathedrale angelehnten Kreuzgangs sind
noch original und hervorragend erhalten, mit filigranem Maßwerk und Grab-
platten des 14.–18. Jh. Er wurde nicht
nur zur Andacht genutzt, sondern es
versammelten sich hier bisweilen auch
die Bürger des Viertels oder die Zünfte.
Heute lässt es sich hier wunderbar
entspannen, sollte der Trubel in den
Altstadtgassen an den Kräften zehren.
■ Place Pasteur, Tel. 05 59 46 11 43, tgl.
9–12.30, 14–17, Mitte Mai–Mitte Sept.
bis 18 Uhr

Arènes
| Veranstaltungsort |
1893 im maurischen Stil errichtet
kommt die über 10 000 Besucher fas-
sende Stierkampfarena recht bunt da-

ADAC *Spartipp*

Der **Citypass Bayonne Pays Basque** lockt mit mehreren Vor-
teilen. Wer den Pass für 1, 3 oder 7 Tage für 12, 16 oder 20 € (4–18 J. 4, 6 oder 9 €) ersteht, der erhält kostenlosen Einlass oder Ermäßi-
gungen in mehreren Museen in Bayonne und Biarritz. Das gesam-
te Busnetz (www.chronoplus.eu) zwischen Bayonne und Biarritz ist unbegrenzt zu nutzen. Online oder im Office de Tourisme erhältlich. *www.bayonne-tourisme.com*

her. Rot, Gelb und Ocker dominieren
die Wände. Auch die winzige Kapelle,
in der die Toreros beten, bevor sie sich
dem Stier stellen, ist farbenfroh. Die
»corrida«, der blutige spanische Stierkampf, hat in Bayonne eine lange
Tradition. Die erste fand bereits 1853
zu Ehren der französischen Kaiserin
Eugénie statt. Seitdem strömen drei-
mal im Jahr die Aficionados herbei
(Juli–Sept.). Außerdem finden hier
auch Konzerte statt
■ Avenue des Fleurs (westlich der Altstadt), Tel. 09 70 82 46 64, Mo–Fr 9–12,
14–17 Uhr, außer Juli–Mitte Sept.

Musée Basque
| Museum |
Die Maison Dagourette, stattliches
Domizil eines Kaufmanns des 16. Jh.
direkt an den Ufern der Nive, dient
seit 1924 als ethnographisches Museum. In thematisch strukturierten
Sälen erfährt man alles über das reli-
giöse, ländliche, städtische und so-
ziale Leben der Basken, ihre Traditionen und Bräuche. Auch Seefahrt und
Wirtschaft werden dabei anschaulich
behandelt.

◼ Maison Dagourette, 37, quai des Corsaires, Tel. 05 59 59 08 98, www.museebasque.com, Di–So 10.30–18, April–Sept. bis 18.30, Do bis 20.30 Uhr, 6,50 €, erm. 4 € , unter 26 J. und 1. So im Monat frei

Musée Bonnat-Helleu

| Museum |

Das Museum der Schönen Künste in Bayonne ist nach dem einheimischen Maler und Mäzen Léon Bonnat benannt, der im 19. Jh. den Grundstock der 7000 Werke umfassenden Sammlung stiftete. Der Prachtbau, in dem Skulpturen, Malerei, Zeichnungen, Fotografien, archäologische Fundstücke und Kunsthandwerk aufbewahrt werden, entstand Ende des 19. Jh. Rötelzeichnungen Michelangelos, von Ingres und Degas gemalte Porträts, ein El Greco sowie gotische Madonnen zählen hier zu den Meisterwerken. Zurzeit entsteht ein moderner Erweiterungsbau, der dieser bedeutenden Sammlung noch mehr Platz bieten wird.

◼ 5, rue Jacques Laffitte, Tel. 05 59 46 63 60, www.mbh.bayonne.fr (geschl. wegen Umbaus bis voraussichtlich Ende 2019)

ADAC *Mittendrin*

Immer **am letzten Mittwoch im Juli** steigt die Partylaune in Bayonne. Seit den 1930er-Jahren wird das große **Volksfest Fêtes de Bayonne** in den Straßen gefeiert, bei dem Musik und Umzüge, die an Karneval erinnern, auf dem Programm stehen. Symbolisch werden die Stadtschlüssel für fünf Tage dem Roi Léon und seinem Gefolge übergeben, die als überdimensionierte Figuren, »géants« genannt, die Festzüge begleiten. Orientiert an der traditionellen Stierhatz in Pamplona, werden auch in Bayonne Rinder durch die Straßen getrieben, denen sich viele Mutige in den Weg stellen. Konzerte und große Tanzbälle sorgen für ausgelassene Stimmung. Passend angezogen sollte man sein, ganz in Weiß mit rotem Gürtel und dem obligatorischen roten Halstuch – und die Fête kann beginnen.

www.fetes.bayonne.fr

🚏 Verkehrsmittel

Tuk Tuk Sechs Plätze bieten die original thailändischen Tuk Tuks, mit denen Bayonne, aber auch andere Orte im Norden der baskischen Küste, sich erkunden lassen. Der einheimische Fahrer von Pays Basque Tuk Tuk weiß, wo es langgeht. ◼ Pays basque TUK TUK, 1, rue Ulysse Darracq, Tel. 06 61 81 16 69, www.tuktuk-paysbasque.com

Segway Ein paar Minuten braucht es schon, bis man weiß, wie diese Art der Fortbewegung zu bewältigen ist. Mit Segways, französisch »gyropode«, lässt sich lautlos und bequem durch Bayonne gleiten. Der Helm ist natürlich immer mit dabei. ◼ Tel. 06 43 49 80 87, www.gyrozone.fr, eine Stunde vorher zu reservieren, Mindestalter 7 J., Treffpunkt am Office de Tourisme, 10–18 Uhr, 1 Std. ab 15 €

Parken

Von den Parkplätzen Glain und Porte d'Espagne (beide südlich der Stadtmauern) fahren kostenlose Elektrobusse in die Innenstadt, Mo–Sa 7.30–19.30 Uhr, alle 10 Min.

Exponate im Musée Basque, das baskische Kultur und Tradition anschaulich darstellt

Restaurants

€ | **Auberge du petit basque** Das rustikal-familiäre Lokal serviert baskische Spezialitäten von Piperade über Lamm bis hin zu Forelle, garantiert hausgemachte Küche von A–Z. ■ 23, rue des Cordeliers, Tel. 05 59 59 83 44, www.auberge-du-petit-bayonne.fr, Do–So mittags und abends

€ | **Au coeur des hommes** Eine moderne Brasserie mit langen Sitzbänken im Innern, aber auch kleinen Tischen direkt am Ufer der Nive. Freunde von Meeresfrüchten kommen auch auf ihre Kosten. ■ 64, quai des Corsaires, Tel. 05 59 59 51 17, Di–Sa mittags und abends

 €€ | **La Table de Pottoka** Ganz im Trend speisen in durchdesigntem Ambiente: Zu nicht ganz günstigen Preisen gibt es innovative Küche aus der Region. Der in Bayonne geborene Chefkoch Sébastien Gravé, der auch in Paris kein Unbekannter ist, interpretiert die Geschmäcker seiner Heimat neu, raffiniert und eher puristisch. ■ 21, quai Amiral-Dubourdieu, Tel. 05 59 46 14 94, www.pottoka.fr/la-table-de-pottoka-bayonne, Di–Sa

Einkaufen

Maison Montauzer Ein Besuch von Bayonne ohne den bekannten Schinken probiert zu haben, ist undenkbar. Hier lässt er sich problemlos für die Heimfahrt luftdicht eingepackt kaufen. ■ 3, rue Port des Castets, www.montauzer.fr, Mo 9.30–13, 14–19.15, Di–Sa 7–19.15 Uhr

Chocolatier Didier Gaborit Seit Jahrhunderten liebt man in Bayonne Schokolade und weiß sie meisterhaft herzustellen. Die Chocolatiers haben hier ihre eigene Gilde und sogar eine Académie du Chocolat. M. Gaborit gehört ihr an. 17, rue Poissonnerie, www.didier gaborit.com, Mo nachmittag–Sa

Tissage de Luz Die typisch baskischen Stoffe aus kräftiger Baumwolle, gestreift und in bunten Farben, werden seit 1906 von der Marke Tissage de Luz hergestellt. Hier hat man die Qual der Wahl. 3, rue Port des Castets, www.tissage deluz.com, Mo–Sa 10–13, 14.30–19 Uhr

Bühne

Théâtre de Bayonne Das Theater am Zusammenfluss von Nive und Adour ist eine nationale Bühne und wurde 1834 im italienischen Stil erbaut. Vom klassischen Theater über Tanz bis hin zu Zirkusaufführungen wird hier alles geboten, auch fürs junge Publikum. Im Hôtel de Ville, place de la Liberté, Tel. 05 59 59 07 27, www.scenenationale.fr

Events

Foire au Jambon Im Hallenviertel am Quai der Nive dreht sich jährlich an vier Tagen im April alles um das Schwein oder, besser gesagt, um dessen luftgetrockneten Schinken. Die Foire au Jambon de Bayonne wird seit dem 15. Jh. gefeiert. Schon Heinrich IV., ein bekannter Gourmet, lobte ihn in höchsten Tönen. Heute ist seine Herstellung stark reglementiert, was mit dem Herkunftslabel belohnt wird. Auf der Messe wird der beste Schinken von einer »confrérie«, einer Bruderschaft in blutroten Roben, prämiert. Es wird gefeiert und dabei viel gegessen, nicht nur Schinken, sondern auch andere Spezialitäten wie »gâteau basque«, ein typischer Kuchen, oder heimischer Schafskäse. www.bayonne-paysbasque.com/route_gourmande/foire_jambon_bayonne.php

Biarritz

Das mondäne Biarritz strahlt noch heute vom Glanz vergangener Zeiten

Information

 Biarritz Tourisme, square d'Ixelles, 64200 Biarritz, Tel. 05 59 22 37 10, www.tourisme.biarritz.fr

 Parken: siehe S. 113

Auf die Bühne der Geschichte trat das einstige Fischerdorf Biarritz erst im 19. Jh. Damals entdeckten einige Zeitgenossen den therapeutischen Nutzen des Badens im Meer. Gekrönte Häupter wie Napoleon und Josephine, Literaten wie Stendhal oder Flaubert und auch Adlige aus England, Russland oder Deutschland kamen in der Folge nach Biarritz. Damit begann der Bauboom luxuriöser Paläste. Im 20. Jh. dann konnten sich auch breitere Bevölkerungsschichten hier einen Badeurlaub leisten. Nicht zuletzt Surfer aus aller Welt entdeckten den Küstenstreifen für ihre Leidenschaft. Zwischen dem Leuchtturm an der Pointe St-Martin im Norden und der Plage de la Côte des Basques im Süden bietet Biarritz am alten Hafen eine bizarr zerklüftete Küste. Dort ist besonders der Aussichtspunkt Rocher de la Vierge ein lohnendes Ziel und das in einem Art-déco-Bau untergebrachte Aquarium ist ebenfalls einen Besuch wert. Die Atmosphäre des späten 19. Jh. wird in der russisch-orthodoxen Kirche und in der kaiserlichen Kapelle lebendig. Versteckt liegt das kleine historische Museum der Stadt in einer ehemaligen anglikanischen Kirche unweit der modernen Markthalle.

Seit dem 19. Jahrhundert beliebt bei Badegästen: die Grande Plage in Biarritz

Sehenswert

Phare de la Pointe St-Martin
| Leuchtturm |

Wer den 1834 errichteten Leuchtturm über seine 250 Stufen besteigt, wird von oben gut erkennen, wie sich hier die Küstenbeschaffenheit ändert. Die fast ununterbrochene Linie der Sandstrände der Landes endet hier und geht allmählich in den von Felsen geprägten Küstenstreifen des Baskenlandes über.

■ Esplanade Elisabeth II, Tel. 05 59 22 37 10, April–Juni, Sept. 10.30–13, 14–18, Juli/Aug. 14–19, Okt.–März Sa/So 14–17 Uhr, 2,50 €, erm. 2 €

Église orthodoxe
| Kirche |

Diese russisch-orthodoxe Kirche im byzantinischen Stil macht deutlich, woher das aristokratische Publikum der Zeit um 1900 stammte. Seit ihrer Einweihung 1892, bei der Mitglieder der Zarenfamilie anwesend waren, schmücken wertvolle Ikonen aus St. Petersburg die prachtvolle Ikonostase. Direkt gegenüber liegt die Luxusherberge Hôtel du Palais, die 1903 an der Stelle der zuvor abgebrannten Villa Eugénie des französischen Kaiserpaares auf einem Plateau am Meer errichtet wurde.

■ 8, avenue de l'Impératrice, Tel. 05 59 46 63 60, Di–Fr, So 16–18.30, Sa 15.30–18 Uhr

Chapelle impériale
| Kapelle |

In der Nähe ihrer Sommerresidenz ließ Kaiserin Eugénie eine private Kapelle im historistischen Stilgemisch maurischer und byzantinischer Architekturen erbauen. Von außen recht unscheinbar, innen jedoch festlich ausgemalt, ist sie der Jungfrau von

Guadalupe geweiht, einem Gnaden-
bild Marias in Mexiko-Stadt.

■ Rue des Cent Gardes, Tel. 05 59 46
63 60, Sa 14–18, Winterhalbjahr bis 17,
Juni–Sept. auch Do 14–18 Uhr, 3 €, Messen am 9.Jan., 1. Juni, 11. Juli und 12. Dez.

Musée Historique
| Museum |

Allein schon der Ort, in dem sich das
historische Museum von Biarritz eingerichtet hat, ist einen Besuch wert.
Die anglikanische Kirche St-Andrew's,
einst von Engländern erbaut, bietet
einen ungewöhnlichen Rahmen für
eine Museumspräsentation. Vom Walfang vor den Küsten und den ersten
Rettungsschwimmern über die kaiserlichen Besuche und exklusiven Feiern
bis hin zur Rolle von Biarritz als »plage
des Rois«, als Strand der Könige, rei-

ADAC *Wussten Sie schon?*

Schon Captain Cook soll berichtet
haben, dass Eingeborene in der
Südsee mit Brettern auf hohen
Wellen ritten. Später wurde es von
Missionaren verboten und kam
erst wieder Anfang des 20. Jh. in
Australien und den USA in Mode.
1957 war der Schriftsteller und
Drehbuchautor Peter Viertel, ein
deutschstämmiger Amerikaner,
bei Dreharbeiten zu dem Film
»The Sun also rises« dermaßen
beeindruckt von der Brandung bei
Biarritz, dass er sich sein Surfbrett
aus den USA schicken ließ. Daraufhin wurde in Biarritz **die erste Surf-
schule in Europa** gegründet. Heute gibt es hier mehr als ein Dut-
zend davon, die zwischen April
und November blutigen Anfän-
gern und Profis Kurse anbieten.

chen die Themen, die unter den Kir-
chengewölben ausgebreitet werden.

■ Saint Andrew's, rue Broquedis, Tel.
05 59 24 86 28, www.musee-historique-
biarritz.fr, Di–Sa 10–12.30, 14–18.30 Uhr,
4 €, erm. 2 €

Aquarium
| Aquarium |

In einem 1935 im Art-déco-Stil errichteten Gebäude gehört das Aquarium
von Biarritz zu den spektakulärsten in
Europa. Vor einigen Jahren erweitert,
entführt es seine Besucher in die bunte Unterwasserwelt einer Lagune der
Karibik, vor ein gigantisches Bassin
mit Hammerhaien und Riesenrochen
oder auf die Panoramaterrasse und
zur hier zweimal täglich stattfinden-
den Robbenfütterung.

■ Esplanade du Rocher de la Vierge,
Tel. 05 59 22 75 40, www.aquariumbiarritz.
com, April–Sept. 9.30–20, Juli/Aug.
bis 24, Nov.–März 9.30–19 Uhr, 14,90 €,
13–17 J. 11,90 €, 4–12 J. 10,50 €

Rocher de la Vierge
| Aussichtspunkt |

㉒ *Gustave Eiffel hat hier den Weg
zur Maria geebnet*

Die meisten Besucher kommen sicher
nicht wegen der recht kleinen weißen
Marienstatue, die auf dem nach ihr
benannten Felsen steht, sondern genießen vielmehr den grandiosen Panoramablick. Dieser fällt von hier aus
auf die beiden großen Strände und
die spektakulär an der steilen Fels-
küste liegende Villa Belza mit ihren
Erkern und spitzen Türmen. Der Ei-
sensteg hinüber zum Marienfelsen
wurde 1865 von Gustave Eiffels Atelier entworfen.

■ Zugänglich über esplanade des An-
ciens Combattants (vor dem Aquarium)

Parken

Das zentralste Parkhaus, Parking Clemenceau, bietet fast 500 Stellplätze. ■ 16, avenue Foch, 3 Std. 4,80 €

 Restaurants

€ | **Bar Jean** Neben der Markthalle liegt diese Tapasbar mit Terrasse, in der auch klassische Fleisch- und Fischgerichte auf der Karte stehen. ■ 5, rue des Halles, Tel. 05 59 24 80 38, 8.30–16, 18.30–1 Uhr

€ | **Le Surfing** Das tägliche Surfritual lässt sich von hier aus gut beobachten. Vegetarisches, Fisch und Burger auf der Karte passen zum Ausblick auf die Surfergemeinde. ■ 9, boulevard du Prince de Galles, www.lesurfing.fr, Tel. 05 59 24 78 72, tgl. 9–22.30 Uhr

 Cafés

Miremont Der Teesalon, den Joseph Miremont 1880 übernahm, wurde schnell zur ersten Adresse der Stadt. Hier traf sich einst die mondäne Welt. Die edlen braun-schwarz gestreiften Packungen mit Schokoladenpralinen liegen eindeutig im Trend. ■ Place Bellevue, www.miremont-biarritz.fr, Tel. 05 59 24 47 97, tgl. 9–20 Uhr

 Einkaufen

Maison Arostéguy In dieser Épicerie kauft seit 1845 ein, wer einen originellen Aperitif, ein mit Algen versetztes Meersalz, ein Trüffelöl oder andere Extravaganzen fürs Kochen und Würzen sucht. Baskisches, das sich auch gut als Mitbringsel eignet, dominiert deutlich das Angebot. ■ 5, avenue Victor Hugo, www.arosteguy.com, Di–Sa 9.30–13, Mo–Sa 15.30–19 Uhr

 Kinder

Cité de l'Océan Am südlichen Stadtrand von Biarritz kommt in der Cité de l'Océan viel raffinierte Technik zum Einsatz, um die Besucher unter anderem mithilfe von 3-D-Animationen in die Tiefen des Ozeans zu versetzen. Woher kommt das Wasser in den Ozeanen? Wie entstehen Wellen? Diese und ähnliche Fragen werden gestellt und beantwortet. Außerdem trifft man hier (spielerisch) auf Riesenkraken oder erlebt, ebenfalls dank Technik, das Wellenreiten hautnah. ■ 1, avenue de la Plage, Tel. 05 59 22 75 40, www.citedelocean.com, Öffnungszeiten im Internet, 12,50 €, 6–12 J. 8,50 €, 13–17 J. 9,90 €, Kombiticket mit Aquarium 22,50 €, 4–5 J. 10,50 €, 6–12 J. 14,90 €, 13–17 J. 17,90 €

Planète Musée du Chocolat Hier dreht sich natürlich alles um die Schokolade, ihre Geschichte und Herstellung. Die Basken sind große Schokoladenliebhaber und deshalb wird hier auch probiert. ■ 14, avenue Beaurivage, Tel. 05 59 23 27 72, www.planete museeduchocolat.com, Mo–Sa 10–12.30, 14–18.30, Juli/Aug. tgl. 10–19 Uhr, 6,50 €, erm. 5 €

 Sport

Die Surf-Weltmeisterschaft im Mai 2017 hat es wieder einmal bestätigt: Biarritz ist Europas historische Surfhauptstadt. Wer noch kein Profi ist, kann hier probieren, ob er einer werden könnte (z. B. École de Surf Jo Moraiz, plage de la Côte des Basques, Tel. 06 62 76 17 24, www.jomoraiz.com). Das passende Outfit gibt es im Billabong Store. ■ 2–4, place Bellevue, im Sommer tgl. 9.30–19.30 Uhr

45 St-Jean-de-Luz

*Bühne einer Monarchenhochzeit,
Fischereihafen, Korsaren-Nest ...*

ℹ **Information**

■ Office de Tourisme, 20, boulevard
Victor Hugo, 64500 St-Jean-de-Luz, Tel.
05 59 26 03 16, www.saint-jean-de-luz.com
■ Parken: siehe S. 116

Seit dem 12. Jh. verdiente man in St-Jean-de-Luz mit dem Fischfang Geld.
Später brachte der Kabeljaufang sogar
so viel ein, dass prachtvolle Palais entlang dem Hafenbecken entstanden. In
Kriegszeiten trieben hier Korsaren mit
dem Freibrief zum Kapern feindlicher
Handelsschiffe ihr Unwesen. Große
Geschichte wurde in der kleinen Stadt
mit der Hochzeit von Ludwig XIV. und
der spanischen Infantin Maria-Theresia
geschrieben, wovon noch die direkt
am Hafen gelegene Maison Louis XIV.
und die Maison de l'Infante zeugen.
Bodenständiger geht es in den alten
Markthallen zu, die um 1884 in einem
ehemaligen Sumpfgebiet erbaut wurden. Die größte der baskischen Kirchen, die prächtige Église St-Jean-Baptiste, prägt das Zentrum. An der
nördlichen Pointe de Sainte-Barbe mit
ihrer winzigen weißen Kapelle lässt
sich der schönste Sonnenuntergang
über der Biskaya erleben.

Sehenswert

Maison Louis XIV.
| Museum |
Die Place Louis XIV. ist ohne Zweifel der
belebteste Platz in St-Jean-de-Luz, von
Platanen bestanden und von Bistro-

Der Hafen von St-Jean-de-Luz mit dem Haus der Infantin Maria-Theresia

und Caféterrassen gesäumt. Der Blick fällt dann auf die Maison Louis XIV. mit ihren Ecktürmen, in der der junge König seine Hochzeit erwartete. Er blieb immerhin einen ganzen Monat. Bei einer Führung durch das edle Gemäuer lernt man den erlesenen Geschmack der reichen Korsarenfamilie kennen, die den Bau einst errichten ließ.

■ Maison Lohobiague, 6, place Louis XIV, Tel. 05 59 26 27 58, www.maison-louis-xiv.fr, April–Okt., Mi–Mo, nur mit Führung, aktuelle Öffnungszeiten per Telefon

Maison de l'Infante
| Museum |

Direkt am Hafen liegt dieser Palast nach italienischem Vorbild, der beinahe auch in Venedig stehen könnte und 1640 von einem reichen Reeder erbaut wurde. Die spanische Infantin residierte hier mit ihrer Schwiegermutter, bevor sie Ludwig XIV. heiratete. Im Innern gibt es einen monumentalen Kamin und kunstvoll bemalte Holzbalkendecken zu entdecken.

■ 1, rue de l'Infante, Tel. 05 59 26 36 82, Juni–Mitte Nov. Di–Sa 11–12.30, 14.30–18.30, Mo nur 14.30–18.30 Uhr, 2,50 €, unter 18 J. 2 €.

Église St-Jean-Baptiste
| Kirche |

Ihre Größe ist den Hochzeitsfeierlichkeiten des Königspaares am 9. Juni 1660 geschuldet. Die Trauung fand in einer noch im Bau befindlichen Kirche statt, erst im 19. Jh. wurde sie fertiggestellt. Die imposante Altarwand des Barock aus vergoldetem Holz ist die größte im Baskenland. Außer der Hochzeit gab es auch noch den Pyrenäenfrieden zu feiern, der ein Jahr zuvor zwischen Frankreich und Spa-

Im Blickpunkt

Die Basken und ihre Sprache (Euskara)

Anders als im spanischen Baskenland, das sich auch durch die blutige Vergangenheit des ETA-Terrors einen relativen Autonomiestatus in Spanien erkämpft hat, gehört der Norden des Baskenlandes zu Frankreich und zeigt wenig echte Unabhängigkeitsbestrebungen. Die Anerkennung der eigenen Identität eines »pays basque« innerhalb des Département Pyrénées-Orientales stand immer im Vordergrund. Die Einführung des Baskischen als zweiter Amtssprache neben dem Französischen scheiterte jedoch an der Pariser Zentralregierung. Dennoch findet man überall neben den französischen auch die Ortsbezeichnungen in Baskisch, einer isolierten Sprache, die mit keiner anderen heutigen Sprache in Europa verwandt ist und im französischen Baskenland von etwa einem Fünftel der 250 000 Einwohner beherrscht wird.

nien geschlossen und der dann mit einer Spanierin an der Seite Ludwigs auch symbolisch besiegelt wurde. Platz für die Menschenmengen bei den Festlichkeiten war vorhanden, schaut man sich die großen Holzgalerien an drei Seiten des Baus an. Tatsächlich waren die Galerien bis in die 1960er-Jahre nur Männern vorbehalten, während die Frauen unten auf den Bänken sitzen mussten.

■ Rue Léon Gambetta

P Parken

Die beiden großen Parkplätze am Boulevard du Commandant Passicot liegen zentral in Bahnhofsnähe.

Einkaufen

Maison Adam Macarons nach überliefertem Familienrezept sind hier der Verkaufsschlager. Bereits 1660 soll die Mutter Ludwigs XIV. ihnen erlegen sein, als sie zur Hochzeit ihres Sohnes die Maison Adam entdeckte. ■ 4–6, place Louis XIV, Tel. 05 59 26 03 54, www.maison adam.fr, tgl. 8–12.30, 14–19.30 Uhr

Les Halles de St-Jean-de-Luz In den alten Markthallen gibt es alles, was das Feinschmeckerherz begehrt. ■ Boulevard Victor Hugo, tgl. 7–13 Uhr, Di, Fr auch draußen Stände

 Erlebnisse

Von Guéthary (per Zug ca. 10 Min.) kann man auf dem »sentier littoral«, dem Küstenweg, in 2,5 Std. zurückspazieren, mit wunderbaren Ausblicken aufs Meer und die Pyrenäen am Horizont. An kleinen Sandbuchten und einigen Bars vorbei erreicht man die malerische Landzunge Pointe Sainte-Barbe, die wieder den Blick auf St-Jean-de-Luz freigibt.

46 Ciboure

Hier wurde 1875 der Komponist des »Boléro« geboren: Maurice Ravel

i Information

■ Office de Tourisme, 5, place Camille Jullian, 64500 Ciboure, Tel. 05 59 47 64 56, www.ciboure.fr

St-Jean-de-Luz gegenüber liegt Ciboure entlang der Mündung der Nivelle in die Biskaya. Besonders sehenswert ist die Uferstraße Quai Maurice Ravel. Eine der Häuserfassaden fällt mit ihrem geschwungenen, von Holland inspirierten Giebel völlig aus dem Rahmen (Nr. 27). Ein Kaufmann mit Kontakten nach Amsterdam ließ sie 1630 errichten. Kardinal Mazarin residierte in diesem Haus während der königlichen Hochzeit 1660. Über 200 Jahre später wurde hier Maurice Ravel geboren. Auch die schneeweiß getünchten Häuser mit dunkelrotem Fachwerk in der Rue de la Fontaine und der Rue Pocalette, die sich in der zweiten Reihe hinter der Uferpromenade entlangziehen, lohnen einen Spaziergang. Die Kirche Saint Vincent mit ihrem für das Baskenland ungewöhnlichen, achteckigen Turm hat ein schönes Renaissanceportal. Man betritt ein großes Raumvolumen mit den typischen gestaffelten Emporen aus dunklem Holz.

 In der Umgebung

Château d'Urtubie

| Schloss |

So stellt man sich ein Schloss mit seinen Ecktürmen und dicken Mauern vor. Eine adlige Familie richtete sich im 14. Jh. hier ein und erhielt vom englischen König, der damals über den Südwesten Frankreichs herrschte, das Recht, die Burg weiter zu befestigen. Zur heutigen Größe wuchs das Schloss Anfang des 16. Jh. an. Der erweiterte Bergfried mit schöner Wendeltreppe stammt aus dieser Zeit. Heute entdeckt der Besucher im Innern eine wertvolle Sammlung von Wandteppichen, die die Hochzeit Ludwigs XIV. im nahen St-Jean-de-Luz schmückten.

Per Zahnradbahn hinauf zum Bergmassiv von La Rhune

Das Anwesen ist heute in Teilen ein charmantes Hotel.

 64122 Urrugne (D 810), Tel. 05 59 54 31 15, www.chateaudurtubie.net, April–Okt 10.30–12.30, 14–18.15, Mitte Juli–Ende Aug. 10.30–18.15 Uhr, 7 €, unter 17 J. 3,50 €

47 Ascain

Küstennah und doch fast in den Bergen – hier ist der Lebensrhythmus ruhiger

i Information

 Office de Tourisme, Rue Oletako Bidea, 64065 Ascain , Tel. 05 59 54 00 84, www.ascain-tourisme.fr

An den Ufern der schmalen Nivelle liegt dieses typische Dorf, das sich eine trutzige Kirchenvorhalle mit massivem Turm geleistet hat. Zum Chor führen ungewöhnlich viele Stufen hinauf, sodass die Altarschauwand mit ihren vergoldeten Heiligenfiguren umso mehr zum Blickfang wird. Dass das

Meer in Ascain nicht mehr weit ist, zeigt sich an mehreren Votivschiffen, die dankbar an aus Seenot gerettete Dorfbewohner und Fischer erinnern.

In der Umgebung

Train de La Rhune
| Zahnradbahn |

 Der höchste Punkt entlang der französischen Atlantikküste

Zum Bergmassiv von La Rhune führt eine Zahnradbahn hinauf. Auf knapp über 900 m fühlt man sich fast schon im Hochgebirge, denn das Wetter wechselt schnell und kann eine Auffahrt im Wolkennebel enden lassen. Bei klarem Wetter wird man mit dem Blick auf die nahen Pyrenäen, Spaniens Küste und das französische Baskenland bis weit hinauf nach Bayonne belohnt. La Rhune kann auch wandernd bezwungen werden. Ein gut ausgeschilderter Weg führt in 2,5 Std. hinauf zum Gipfel, wo dann die Bahnfahrer schon beim baskischen Bier sitzen. Doch der Pano-

ADAC *Wussten Sie schon?*

Die **Baskenmütze** hat sich dermaßen als französisches Nationalsymbol etabliert, dass während der Besatzungszeit durch die Deutschen im Zweiten Weltkrieg das Tragen dieser »Franzosenmütze« als Ausdruck des Widerstands angesehen wurde und sie daraufhin verboten wurde. Doch was hat die Mütze mit den Basken zu tun? Eigentlich stammt sie ursprünglich aus dem Béarn, einem dem Baskenland benachbarten Landstrich am Fuße der Pyrenäen, wo sie von Hirten getragen wurde. Als jedoch Kaiser Napoleon III. Mitte des 19. Jh. die Filzkappe bei seinem Besuch in Biarritz auf den Köpfen der dortigen Basken entdeckte, taufte er sie kurzerhand »béret basque«, Baskenmütze.

ramablick ist nach einer Wanderung vielleicht noch überwältigender (Infos an der Talstation).

■ Col de Saint-Ignace, 64310 Sare, www. rhune.com, Tel. 05 59 54 20 26, März–Anf. Nov. alle 40 Min. 9.30–16, Juli/Aug. 8.20–17.30 Uhr, hin und zurück 18,50 €, 4–12 J. 11,50 €

48 Sare

Beliebt bei Wanderern, die für die Besteigung der Pyrenäen üben

ℹ Information

■ Office de Tourisme, Quartier Bourg, 64310 Sare, Tel. 05 59 54 20 14, www.sare.fr

Kurt Tucholsky schrieb: »Baskische Sitten … Eine ist in ganz Frankreich bekannt, und es ist das erste Wort, das einem entgegentönt, wenn man von den Basken spricht: Schmuggler.« Sare und sein bergiges Umland sind und waren Grenzgebiet zu Spanien und machten einst das Dorf zu einem Hauptumschlagplatz von Schmugglerware aus dem spanischen Navarra. Man muss damit eindeutig gut verdient haben, wie die Größe und die Ausstattung der Kirche ebenso wie die stattlichen Gebäude aus dem 18. und 19. Jh. zeigen, die rings um den Dorfplatz stehen. Der Kirchenbau mit seinem gewaltigen Turm, der an eine Burg erinnert, ist innen prächtig bemalt.

Restaurants

 € | Lasthiry Warum nicht mal exzellent zubereiteten Tintenfisch, baskisches Wild oder Taube probieren? Den Einheimischen ist die Adresse jeden Umweg wert. ■ Place du Village, Tel. 05 59 54 20 07, www.hotel-lastiry.com, Mitte Nov.–März geschl.

🚶 Wandern

Direkt vom Kirchplatz von Sare aus führt der rot-weiß markierte Wanderweg GR 10 hinauf zum Gipfel von La Rhune. Wer einmal der spanischen Grenze ganz nah kommen möchte, denn sie verläuft dort oben, der muss drei Stunden einplanen und sehr sportliche 800 Höhenmeter bewältigen. Der Wanderweg kreuzt beim Aufstieg die Schienen des Train de la Rhune und spätestens hier bieten sich die herrlichsten Ausblicke auf das schroffe Bergmassiv. Bei schönem Wetter ist dem trainierten Wanderer ein großes Erlebnis sicher.

Ainhoa

 Gehoben wohnen und speisen – in Ainhoas exklusiven Adressen

ℹ Information

■ Bureau d'Accueil Touristique, Le bourg, 64250 Ainhoa, Tel. 05 59 29 93 99, www. ainhoa.fr

Zunächst ist nicht ganz klar, was in Ainhoa mehr auffällt, die gepflegten rot-weißen Häuserfassaden des 18. Jh., die beiden sich gegenüber liegenden 4-Sterne-Hotels mit ihren Gourmetrestaurants oder die beiden Friedhöfe, die die schmucke Kirche umrahmen? Kaum 700 Einwohner zählt das Dorf, das sich ganz offiziell zu den »schönsten Dörfern Frankreichs« rechnen darf. Es besteht nur

aus einer schnurgerade durch den Ort laufenden Hauptstraße, die ihr Zentrum am »frontón«, dem Gemeindeplatz, findet. Hier werden Feste gefeiert oder aber die Dorfbewohner messen sich im traditionellen Ballspiel »pelota«. Direkt nebenan erwartet den neugierigen Besucher die imposante Kirche, in der eine beinahe schon übertrieben farbige Chorausmalung aus dem 17. Jh. überrascht.

Restaurants

€€€ | Ithurria Hier beweist das Baskenland, dass es kulinarisch ganz oben mitspielt. Der junge Chef Xavier Isabal hat sich einen Stern im Guide Michelin erkocht. ■ Place du Fronton, Tel. 05 59 29 92 11, www.ithurria.com, Fr–Di 12–14, 19.30–21 Uhr, Do nur abends, Menüs für 45, 70 und 90 €

Ainhoa zählt zu den schönsten Dörfern Frankreichs

 **50** Cambo-les-Bains

Die Heilquellen lockten schon englische und französische Monarchen an

 Information

■ Office de Tourisme, 3, avenue de la Mairie, 64250 Cambo-les-Bains, Tel. 05 59 29 70 25, www.cambolesbains.com
■ Parken: siehe S. 121

Die Heilwirkung von schwefel- und eisenhaltigen Thermalquellen allein kann es nicht gewesen sein, die Schriftsteller wie Edmond Rostand, Pierre Loti oder Weltstars wie Sarah Bernhardt nach Cambo-les-Bains zog. Das milde Klima und die herrliche Lage oberhalb des Nive-Tals, aber auch die nachgewiesenen Kuraufenthalte Napoleons III. und Edward VII. von England sorgten für das Renommee des Ortes. Tatsächlich sind der Besuch der opulent ausgemalten Kirche St-Laurent mit Aussichtsterrasse hinter dem Chor und ein Spaziergang in den prächtigen Kuranlagen am Nive-Ufer ein Muss.

 Sehenswert

Villa Arnaga-Musée Edmond-Rostand

| Museum |

Der aus reichem provenzalischem Elternhaus stammende Schriftsteller Edmond Rostand, Autor des weltberühmten Versdramas »Cyrano de Bergerac«, ließ sich mit seiner Frau Rosemond Gérard Anfang des 20. Jh. die Villa Arnaga samt Gärten im neobaskischen Stil erbauen. Angelehnt an die rot-weiß getünchten großen Herrenhäuser der Gegend mit asymmetrischem Dach entstand ein luxuriöses Refugium mit chinesischem Salon, einer Cyrano de Bergerac gewidmeten Bibliothek, einem Büro im Empire-Stil und Privaträumen des Ehepaars und ihrer Kinder im Rokoko- und Jugendstil-Ambiente des Baskenlands. Leicht abweichend von den Vorbildern lassen große Fensteröffnungen Licht und Luft in die mondäne Villa. Parks im englischen Stil und Gärten à la française rechtfertigen den zu Werbezwecken kreierten Begriff vom »kleinen

Im Blickpunkt

Der Basken liebster Sport: Pelota

Im Baskenland tauchen sie auch im kleinsten Dorf auf: Spielfelder mit einer hohen, oben abgerundeten Wand an der Schmalseite. Auf den »frontón« wird Pelota gespielt, das Rückschlagspiel mit einem Ball aus Leder oder Gummi, den die Spieler (meistens zwei gegen zwei) mit der Handinnenfläche, einem Holzschläger oder einem Handschuh, an dem ein länglicher Weidenkorb befestigt ist, mit großer Leidenschaft spielen. Pelota hat im Baskenland einen Stellenwert wie anderswo Fussball. Es geht darum, sich den Ball über die Wand zuzuspielen und dabei den Gegner zu Fehlern bei der Annahme oder beim Rückspiel zu zwingen. Das Spiel ähnelt Squash und kann auch in geschlossenen Räumen, »trinquets«, stattfinden. Bei Volksfesten kann man sich unter die Zuschauer mischen und dem schnellen Spiel zuschauen.

Versailles inmitten des Baskenlands«. Auf der 12-Hektar-Domaine verbringt man gerne mindestens zwei Stunden.

■ Avenue du Docteur Camino (D 410), Tel. 05 59.29.83.92, www.arnaga.com, April–Juni, Sept.–Okt 9.20–12.30, 14–18, Juli/Aug. 10–19 Uhr, 8 €, 7–11 J. 2,50 €, 12–18 J. und Studenten 4 €

Parken

Nur wenige Parkplätze befinden sich im Zentrum, daher sollte das Auto am besten neben dem Kreisverkehr zwischen der Allée Edmond Rostand und der Avenue de l'Espagne geparkt werden.

Restaurants

€€ | **Le Bellevue** In einer alten Poststation wurden Hotel und Restaurant eingerichtet. Das Haus liegt an der schmalen Straße von der Kirche zum Zentrum und bietet herrliche Blicke von der Terrasse und einheimische Spezialitäten auf den Tellern. ■ 29, rue des Terrasses, Tel. 05 59 93 75 75, www. hotel-bellevue64.fr, Menüs 25 und 35 €

51 Espelette

Seit fast 400 Jahren lebt man hier von der roten Schote, dem Piment d'Espelette

Information

■ Office de Tourisme, 145 Karrika Nagusia, 64250 Espelette, Tel. 05 59 93 95 02, www.espelette.fr

Seit das kleine Dorf in aller Welt für sein Gewürz Piment d'Espelette bekannt ist, hat es sich herausgeputzt, Bausubstanz restauriert und unzähligen Boutiquen Platz eingeräumt, um hier alle möglichen Verwendungsarten des Piment in Ölen, Pasteten, Würsten oder einfach nur als Puder an Scharen von Touristen verkaufen zu können. Mit Beginn des Herbstes dominiert an den Fassaden die Farbe Rot. Tausende von Pimentschoten hängen dann zum Trocknen an langen Schnüren dicht an dicht geknotet an den Hausgiebeln und Balkonen, um ununterbrochen fotografiert zu werden.

Restaurants

€ | **Pottoka** Der ambitionierten jungen Köchin Sabine Aguerre gelingt es, sich mit ihrer Speisekarte vom wenig abwechslungsreichen Angebot der umliegenden Bistros abzusetzen. ■ 5, place du Jeu de Paume, Tel. 05 59 93 90 92, www. restaurant-pottoka.com, Di–So mittags, Sa auch abends

Events

Fête de Piment Ende Oktober ist es so weit: Tausende Besucher kommen in das kleine, aber touristisch gut erschlossene Dorf Espelette zur Fête de Piment. Das Gewürz Piment d'Espelette, das jeder kosmopolitische Koch im Regal stehen haben muss, wird aus einer roten Paprikasorte hergestellt. Die kleine Schote kam im 16. Jh. nach Espelette und ersetzte, zum Gewürz zermahlen, den schwarzen Pfeffer. Heute ist es das einzige Gewürz, das eine kontrollierte Herkunftsbezeichnung als Qualitätslabel trägt. Gefeiert wird mit viel Musik, Wein und natürlich mit einem Preis für den besten Piment- d'Espelette-Produzenten.
■ www.espelette-paysbasque.com/cote _detente/fete-piment.php

Übernachten

Die baskische Provinz Labourd, die am Atlantik liegt, ist so überschaubar, dass es nur zu entscheiden gilt, ob man im ruhigeren Hinterland oder in den gut besuchten Küstenorten auf Hotelsuche geht. Biarritz ist die teuerste Adresse mit breitem Angebot von der Luxusherberge bis zum einfachen Hotel. Ein idealer Standort könnte auch Bayonne sein, wo es gute Hotels zu zivilen Preisen gibt.

Bayonne 106

€ | **Côte Basque** Eher zweckmäßig eingerichtetes Hotel in einem schönen Altbau am anderen Adourufer, doch die Altstadt ist schnell zu erreichen. ■ 2, rue Maubec, 64100 Bayonne, Tel. 05 59 55 10 21, www.hotel-cote basque.fr

€€ | **Les Basses Pyrénées** Schickes Hotel mit kleinem Restaurant, zeitgenössisch eingerichtet und in Teile der alten Stadtmauer integriert. ■ 13, rue Tour de Sault (Zufahrt mit dem Auto), 1, place des Victoires (zu Fuß), 64100 Bayonne, Tel. 05 59 25 70 88, www.hotel-bassespyrenees-bayonne.com

Biarritz 110

€ | **Best Western Kemaris** Eher nüchterner Hotelbau, angenehm modern ausgestattet, in einer ruhigen Seitenstraße gelegen und nah zum Strand. ■ 34–35, avenue du Maréchal Joffre, 64200 Biarritz, Tel. 05 59 23 19 19, www.kemaris.fr

€€ | **La Maison du Lierre** Die große Villa vom Beginn des 20. Jh. bietet familiäre Atmosphäre mit Efeu (»lierre«) und Palmen im Garten. ■ 3, avenue du Jardin Public, 64200 Biarritz, Tel. 05 59 24 06 00, www.hotel-maisondulierre-biarritz.com

St-Jean-de-Luz 114

€€ | **La Marisa** Kleines familiäres Hotel nur 30 m vom Meer und feinem Sandstrand entfernt. ■ 16, rue Sopite, 64500 St-Jean-de-Luz, Tel. 05 59 26 95 46, www.hotel-lamarisa.com

Sare 118

€ | **Lastiry** Die wenigen Zimmer schmücken Bilder eines einheimischen Malers. Vor allem Restaurant und Terrasse überzeugen. ■ Place du Village, 64310 Sare, Tel. 05 59 54 20 07, www.hotel-lastiry.com

Ainhoa 119

€€€ | **Ithurria** Stilvoller baskischer Altbau mit edlem Ambiente und Sterne-Restaurant, aber auch günstigem Bistro. ■ Place du Fronton, 64250 Ainhoa, Tel. 05 59 29 92 11, www.ithurria.com

Cambo-les-Bains 120

€€ | **Trinquet** Wunderschönes baskisches Haus, sehr geschmackvolle Zimmer und eine Pelota-Halle zum Zuschauen – Baskenland pur. ■ Rue du Trinquet, 64250 Cambo-les-Bains, Tel. 05 59 29 73 38, www.hotel-trinquet-cambo.net

Pays de la Loire per Rad

Loiretal - Atlantik

2800 Kilometer Vergnügen auf zwei Rädern

Das Fahrradnetz in Pays de la Loire zeichnet sich durch gut ausgebaute und beschilderte Wege aus. Dabei tragen 600 Einrichtungen (Hotels, Campingplätze, Gästezimmer, Tourismusbüros, Fahrradvermieter, Reparaturwerkstätten, etc.)

das Label „Accueil Vélo" für einen besonders radfahrerfreundlichen Service.

Infos auf :
velodyssey.com
loire-radweg.org

Beim **ADAC Infoservice**, in den **ADAC Geschäftsstellen** sowie auf dem **Internetportal des ADAC** (www.adac.de) erhalten Sie Informationen zu den Dienstleistungen des Automobilclubs und zu Ihrem Reiseziel. Als **ADAC Mitglied** können Sie zudem das kostenlose **ADAC TourSet® Südwestfrankreich Atlantikküste** mit vielen Reiseinfos und Karten anfordern oder die **TourSet App** auf dem **Smartphone** oder **Tablet-PC** installieren (www.adac.de/toursetapp). Rufen Sie bei Notfällen und Pannen den **ADAC Notruf** bzw. den **ADAC Auslandsnotruf** an. Unser Team steht Ihnen rund um die Uhr zur Verfügung.

ADAC Infoservice

Tel. 0 800/510 11 12
Infos zu allen ADAC Leistungen
(Mo–Sa 8–20 Uhr, gebührenfrei)

ADAC Notruf Deutschland

Tel. 0 180/222 22 22
(24 Std., ca. 6 ct/Anruf, max. 42 ct/Min.
aus deutschem Mobilfunknetz)

ADAC Notruf Mobil-Kurzwahl

Tel. 22 22 22
(Gebühren variieren je nach
Netzbetreiber)

ADAC Auslandsnotruf

Tel. +49/89/22 22 22
(Gebühren variieren je nach
Netzbetreiber und Land)

Internet-Serviceangebote des ADAC für Ihre Reiseplanung

Service	Webadresse
Aktuelle Verkehrslage	www.adac.de/verkehr
ADAC Routenplaner	www.adac.de/maps
Infos zu Tankstellen und Spritpreisen	www.adac.de/tanken
Infos zu mautpflichtigen Strecken	www.adac.de/maut
Infos zu Fährverbindungen	www.adac.de/faehren
ADAC TourMail (Aktuelle Infos vor Anreise)	www.adac.de/tourmail
Informationen für Camper	www.adac.de/camping
Informationen für Motorradfahrer	www.adac.de/motorrad
Informationen für Segler und Skipper	www.adac.de/sportschifffahrt
ADAC Reiseangebote	www.adacreisen.de
ADAC Autovermietung	www.adac.de/autovermietung
ADAC Versicherungen für den Urlaub	www.adac.de/versicherungen
Weltweite Preisvorteile für ADAC Mitglieder	www.adac.de/vorteile-international

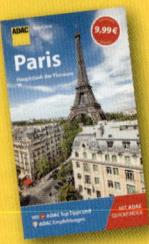

Diese **Produkte des ADAC** könnten Sie interessieren: **ADAC Reiseführer Paris, ADAC Reiseführer Bretagne** und **ADAC Campingführer Südeuropa** – erhältlich im Buchhandel, bei den ADAC Geschäftsstellen und in unserem ADAC Online-Shop (www.adac.de/shop).

Anreise und Einreise

Auto

Das Zielgebiet ist von Deutschland aus am besten über Paris erreichbar (Grenzen bei Saarbrücken bzw. Straßburg). Südlich von Paris führt die **A 11** diejenigen über Le Mans und Angers nach Nantes, die die Atlantikküste der Vendée auf der Höhe der Île de Noirmoutier erreichen wollen. Die **A 10** führt über Orléans, Tours und Poitiers direkt nach Bordeaux. Von Paris nach Bordeaux sind es 580 km. Etwa gleich lang ist der Weg von Lyon nach Bordeaux, der sich für Reisende aus Österreich oder der Schweiz über die A 89 anbietet.

Bahn und Bus

Die schnellste **Bahnverbindung** von Deutschland, Österreich und der Schweiz aus führt immer über Paris. Hier muss allerdings der Bahnhof gewechselt werden (Gare du Nord/de l'Est/de Lyon zur Gare Montparnasse). Seit 2017 fährt der **TGV** auf der neuen Hochgeschwindigkeitsstrecke in 2 Std. und 4 Min. nonstop von Paris-Montparnasse nach Bordeaux (Paris nach Nantes: 2 Std., Paris nach La Rochelle: 2,5 Std., Paris nach St-Jean-de-Luz: 4,5 Std.). Informationen und Online-Buchung: www.bahn.de oder https://de.oui.sncf.

OuiBus, ein Ableger der französischen Staatsbahn, fährt mehrmals wöchentlich preisgünstig von deutschen Städten aus nach Bordeaux und Bayonne. Informationen: www.ouibus.com. **Eurolines-Busse** fahren mehrmals wöchentlich von Frankfurt/Main aus über Paris, Poitiers und Bordeaux ins Baskenland nach Bayonne (Reisezeit ca. 18 Std.). Informationen und Online-Buchung: www.eurolines.de.

Flugzeug

Es gibt tägliche Flugverbindungen mit Air France (www.airfrance.fr) von Paris (PAR) nach Bordeaux (BOD) und Biarritz (BIQ). **Direktflüge** aus Deutschland nach Bordeaux bieten Air France ab Düsseldorf und Lufthansa (www.lufthansa.com) ab Frankfurt/M. an. SWISS (www.swiss.com) startet ab Zürich nach Bordeaux. EasyJet (ww.easyjet.com) bietet Flüge nach Bordeaux ab Berlin und Basel-Mühlhausen an. In den Sommermonaten fliegt easyJet ab Basel-Mühlhausen direkt nach Biarritz. Außerdem gibt es eine Direktverbindung der Lufthansa von München nach Nantes. Der Flughafen **Bordeaux-Mérignac** liegt rund 10 km westlich der Stadt, Tel. 05 56 34 50 50, www.bordeaux.aeroport.fr, der Flughafen **Biarritz-Anglet-Bayonne** ist je 5 km von Biarritz und Bayonne entfernt, Tel. 05 59 43 83 83, www.biarritz.aeroport.fr.

Einreise und Dokumente

EU-Bürger reisen mit **Personalausweis** oder **Reisepass**, Schweizer mit Reisepass oder Identitätskarte nach Frankreich ein. Für Kinder bis zum vollendeten zwölften Lebensjahr genügt ein **Kinderreisepass**. Wir empfehlen, vor Reiseantritt eine Fotokopie Ihrer Reisedokumente anzufertigen und diese getrennt von den Originaldokumenten aufzubewahren, um bei Verlust abgesichert zu sein.

Auto und Straßenverkehr

Führerschein und Papiere

Autofahrer benötigen einen nationalen Führerschein, den **Kfz-Schein** sowie ein **Nationalitätskennzeichen**, sofern das Auto kein Euro-Nummernschild hat.

Die Mitnahme der Internationalen **Grünen Versicherungskarte** wird empfohlen, da sie als Versicherungsnachweis dient und bei einem Unfall die Abwicklung erleichtert.

Tempolimits in Frankreich

(Ausnahmen siehe Verkehrsvorschriften)

Straße	Tempolimit
Autobahn	max. 130 km/h
	(110 km/h bei Regen)
Schnellstraße	max. 110 km/h
Landstraße	max. 90 km/h
	(80 km/h bei Regen)
Ortschaft	max. 50 km/h

Straßennetz und Sicherheit

Frankreichs **Autobahn- und Fernstraßennetz** ist dicht, gut ausgebaut und in sehr gutem Zustand. Bei längeren Überlandstrecken liegen auf Autobahnen, aber auch Schnellstraßen zwischen zwei Ausfahrten oft Dutzende Kilometer, was beim Ansteuern des Zieles frühzeitig mitgeplant werden sollte. Auch kleinere **Landstraßen** sind problem- und risikolos befahrbar.

Verkehrsvorschriften

Zu den **Höchstgeschwindigkeiten** siehe Tabelle oben. Frankreich hat sehr viele **Radargeräte** zur Geschwindigkeitsüberprüfung fest installiert. Diese überwachten Zonen sind deutlich durch Warnschilder mit der Aufschrift »contrôles automatiques« gekennzeichnet. Geschwindigkeitskontrollen sind häufig, Verstöße werden mit teilweise hohen Bußgeldern vor Ort geahndet. Für Fahranfänger gelten andere km/h-Tempolimits (außerorts 80 km/h, auf Schnellstraßen 100 km/h, auf Autobahnen 110 km/h). Die **Promil-**legrenze liegt bei 0,5. Es ist verboten, während der Fahrt ohne **Freisprechanlage** zu telefonieren. Für Motorradfahrer gilt **Helmpflicht**.

In Frankreich ist der **Kreisverkehr** sehr häufig. Wenn nicht anders beschildert, gilt die Rechts-vor-links-Regel, d. h. Vorfahrt hat das in den Kreisel einfahrende Kfz. Im mehrspurigen Kreisverkehr muss, wer von der Innen- auf die Außenspur wechseln will, der Außenspur Vorfahrt gewähren.

Parken

Ein Parkplatz findet sich in ländlichen Regionen problemlos, in den Städten und vor allem Innenstädten sind Stellplätze aber gefragt. Hier es ist es häufig sinnvoller, in **Parkhäuser** am Stadtrand auszuweichen. Das gilt insbesondere für Bordeaux. An den Küsten sind in den Ferienmonaten die Parkplätze oft überfüllt. Das »wilde« Parken am Straßenrand ist nicht zu empfehlen, wird aber meistens geduldet, wenn der Verkehr nicht behindert wird. Informationen zu Parkplätzen in den einzelnen Städten finden Sie im Reiseführer unter der Rubrik Parken.

Verkehrsschilder

Im **Baskenland** werden die Ortsnamen auf den Verkehrsschildern konsequent doppelt aufgeführt, auf Französisch und Baskisch (z. B. St-Jean-de-Luz/Donibane Lohizune).

Tanken

Das Netz an Tankstellen ist allgemein dicht (außer in den Landes). An **Autobahntankstellen** zahlt man häufig deutlich mehr für eine Tankfüllung als in Städten oder Gewerbegebieten. Im **Baskenland** befinden sich die meisten Tankstellen an der Küste.

Maut

Für die Benutzung französischer Autobahnen wird eine **Mautgebühr** (»péage«) verlangt, die sich nach der Größe und der Achsenanzahl des Fahrzeugs richtet. Sie kann an den Mautstationen mit allen gängigen **Kreditkarten**, aber nicht mit der Maestro-Karte bezahlt werden. Gelegentlich lässt sie sich auch noch in bar entrichten, aber die Anzahl der mit Personal besetzten Schalter nimmt kontinuierlich ab. Für die Strecke von Paris nach Bordeaux (A 10) werden ca. 55 € berechnet. Wer über Nantes in die nördliche Vendée reisen möchte (400 km über A 11), muss 36 € bezahlen und von Lyon nach Bordeaux (550 km über A 89) sind es 50 €.

Panne und Unfall

Nach einem Unfall sollten Sie sofort anhalten, die Unfallstelle absichern und Erste Hilfe leisten. Bei Personenschaden müssen Sie zwingend die Polizei verständigen (Notruf: 112). Die **Notrufzentrale des ADAC** erreichen Sie bei Fahrzeugpannen und -unfällen unter Tel. +49/89 22 22 22.
Unbedingt Kennzeichen, Namen und Anschrift von Fahrern und Haltern der beteiligten Fahrzeuge sowie deren Haftpflichtversicherung und Versicherungsnummer notieren (**Unfallprotokoll**: frz. »constat à l'amiable«). Außerdem die Namen von (möglichst neutralen) Unfallzeugen festhalten und die Unfallstelle fotografieren. Unterzeichnen Sie keine fremdsprachigen Schriftstücke, deren Inhalt nicht verständlich ist. Lassen Sie sich bei Problemen vom ADAC beraten (Tel. 0800/510 11 12). Ihre **Schadensersatzansprüche** können Sie bei der gegnerischen Versicherung in Frankreich oder über einen Regulierungsbeauf-

tragten der französischen Haftpflichtversicherung in Deutschland geltend machen, der Ihnen über den Zentralruf der Autoversicherer vermittelt wird.

Zentralruf der Autoversicherer Auskunftsstelle/GDV

 Glockengießerwall 1, 20095 Hamburg, Tel. 0800/250 26 00, +49/403 00 33 03 00, www. gdv-dl.de

Barrierefreies Reisen

Der französische Staat hat die Label »**Tourisme et Handicap**« und »**Destination pour tous**« geschaffen, um damit bisher 5500 touristische Einrichtungen zu markieren, die behindertengerecht sind (siehe www.entreprises.gouv.fr/marques-nationales-tourisme). Beim Verein »**Tourisme & Handicaps**« gibt es weitere Informationen (www.tourisme-handicaps.org) und auch über die Internetseite des französischen Fremdenverkehrsbüros unter dem Suchbegriff »barrierefrei« (https://de.france.fr/de).

Diplomatische Vertretungen

Die Auslandsvertretungen Ihres Heimatlandes helfen Ihnen, wenn Sie Reisedokumente verloren haben.

Deutsches Generalkonsulat in Bordeaux

 35, cours de Verdun,
33000 Bordeaux, Tel. 05 56 17 12 22,
www.allemagneenfrance.diplo.de

Österreichisches Honorarkonsulat in Bordeaux

 88, quai de Bacalan,
33300 Bordeaux, Tel. 05 56 00 00 70,
www.amb-autriche.fr

Festivals und Events

April

Foire au Jambon (www.bayonne-paysbasque.com) – In der Altstadt von Bayonne dreht sich alles um den heimischen Schinken.

Mai

Fête de la Mer (www.mimizan-tourisme.com) – Festumzüge am 1. Mai, die in Mimizan mit Ehrfurcht das Meer feiern.

Bordeaux fête le vin (www.bordeaux-fete-le-vin.com) – Während des Festes (alle zwei Jahre: 2018, 2020 ...) fließt Wein in Strömen.

Juni

Fêtes de la St-Jean (www.saint-jean-de-luz.com) – Volksfest zu Ehren des Stadtpatrons mit Umzügen und Feuerwerk in St-Jean-de-Luz.

Fêtes de Bayonne

Festival Internationale du film (www.festival-larochelle.org) – Festival mit in- und ausländischen Filmproduktionen in La Rochelle.

Juli

Francofolies (www.francofolies.fr) – Freiluftkonzerte von französischem Rock bis Chanson in La Rochelle.

Festival de Saintes (www.abbaye auxdames.org/festival-de-saintes/) – Klassische Musik und Gesang in der Abtei von Saintes.

Fêtes de Bayonne (www.fetes. bayonne.fr) – Bayonner Stadtfest ganz in Rot, Umzüge mit histori-schen Figuren.

August

Fête de Dax (http://feria.dax.fr) – Um den 15. August, traditionelle Tänze und Stierkampf.

Festival Musique en Côte basque (www.musiquecotebasque.fr) – Konzerte mit klassischer Musik und Gesang.

September

Marathon du Médoc (www.marathondumedoc.com) – Marathon durch die Weinfelder des Médoc.

Toros y Salsa (http://torosysalsa. dax.fr) – Dax feiert Salsa tanzend, begleitet von Stierkämpfen.

Le Temps d'aimer (www.letemps daimer.com) – Modernes Tanz-festival mit internationaler Beset-zung in Biarritz.

Oktober

Fête de Piment (www.espelette.fr) – Espelette feiert zwei Tage lang das Gewürz, mit dem der Ort bekannt wurde: Piment d'Espelette.

Festival International des Arts – FAB (www.fab.festivalbordeaux. com) – Das Festival zeigt Kunst in all ihren Formen: von Theater über Tanz und Performance bis zu Poesie.

Schweizerisches Konsulat in Bordeaux

 51, rue Tranchère, 33100 Bordeaux, Tel. 05 56 32 31 15, www.eda.admin. ch/paris

Feiertage

1. Januar (Neujahr), Ostermontag, 1. Mai (Tag der Arbeit), 8. Mai (Tag des Sieges 1945), Christi Himmelfahrt, Pfingstsonntag, 14. Juli (Nationalfeiertag in Erinnerung an den Sturm auf die Bastille 1789), 15. August (Mariä Himmelfahrt), 1. November (Allerheiligen), 11. November (Tag des Waffenstillstands 1918), 25. Dezember (Weihnachten).

Geld und Währung

Frankreich gehört zur **Euro-Zone**. Das Bezahlen mit **EC- oder Kreditkarten** ist hier weit verbreitet. An allen **Geldautomaten** (»guichet automatique«) mit dem Maestro-Zeichen kann man mit der Bankkarte und dem Pin-Code Geld abheben. **Banken** haben Mo–Fr 9–13 und 14.30–17 Uhr geöffnet, größere Filialen auch durchgehend. Bei einem **Kartenverlust** können alle gängigen Bank- und Kreditkarten unter Tel. +49 116 116 oder +49 30 40 50 40 50 gesperrt werden. Dafür benötigt man die Kontonummer und die Bankleitzahl.

Frankreich zählt immer schon zu den teuersten Ländern in Europa (Mehrwertsteuersatz 20 %) und **Preise** für Lebensmittel und Restaurantbesuche sind dementsprechend höher als in Deutschland. Ein Mittagsgericht in einem Restaurant kostet durchschnittlich zwischen 15 und 20 €, ein Abendessen zwischen 20 und 30 €.

Kosten im Urlaub

(durchschnittliches Preisniveau)

Tasse Kaffee	3 €
Softdrink	4 €
Glas Bier (0,4 l)	6 €
Glas Wein (0,2 l)	6 €
Hauptgericht	20 €
Mietwagen/Tag	65 €

Gesundheit

Das französische Gesundheitssystem hat einen hohen Standard. Mit der **Europäischen Krankenversichertenkarte** (EHIC) kann man in Frankreich einen Arzt aufsuchen. Die meisten Ärzte des Landes sprechen Englisch und sogar Deutsch. Ohne die EHIC sind die Kosten vorzustrecken und werden in einem komplizierten Verfahren gegen Vorlage einer Quittung (»feuille de soins«) teilweise erstattet. Da die EHIC nur eine Grundversorgung abdeckt, ist es immer ratsam, eine zusätzliche **private Auslandskrankenversicherung** abzuschließen.

Apotheken sind in der Regel Mo–Sa von 8.30–20 Uhr geöffnet, manchmal auch sonntags. Eine Notfallapotheke in der Nähe lässt sich unter www.pharmaciesdegarde.com suchen.

Das **Leitungswasser** kann überall ohne Bedenken getrunken werden. Wer die französische Atlantikküste im Sommer bereist, sollte Sonnencreme, Sonnenbrille und Kopfbedeckung einpacken. Da hier oft ein frischer Wind weht, wird die UV-Strahlung häufig unterschätzt, vor allem an den südlichen Stränden des Baskenlandes. Wer im Marais Poitevin unterwegs ist, sollte zudem an ein Mückenschutzmittel denken.

Haustiere

Pro Person dürfen im **grenzüberschreitenden Reiseverkehr** innerhalb der EU höchstens 5 Heimtiere (Hunde, Katzen, Frettchen) mitgeführt werden. Für jedes dieser Tiere ist ein von einem niedergelassenen und nach Landesrecht dazu ermächtigten Tierarzt ausgestellter **EU-Heimtierausweis** mitzuführen. Jedes Tier muss mittels **Tätowierung oder Mikrochip** identifizierbar und die Kennzeichnungsnummer im Pass eingetragen sein. Zudem muss der Heimtierausweis den tierärztlichen Nachweis enthalten, dass das Tier über einen gültigen Impfschutz gegen Tollwut verfügt. Im Falle einer Erstimpfung muss diese mindestens 21 Tage vor dem Grenzübertritt erfolgt sein. Für Hunde sind Leine und Maulkorb mitzuführen.

Information

Allgemeine Infos zu Frankreich (das jährlich 83 Mio. internationale Besucher verzeichnet) und Hotelbuchungen bieten die Büros der Französischen Zentrale für Tourismus ATOUT FRANCE.

ATOUT FRANCE
◼ Postfach 100128, 60001 Frankfurt/Main, info.de@france.fr, http://de.france.fr; Österreich: Tel. 01/5 03 28 92, Mo–Fr 9–16 Uhr, info.at@ france.fr, http://at.france.fr; Schweiz: info.ch@france.fr

Die Regionen Nouvelle-Aquitaine und Pays de la Loire (hierzu gehört das Departement Vendée) besitzen jeweils eigene Tourismusbüros (»Comité Régional de Tourisme«):

◼ CS 31759, 5, place Jean Jaurès, 33074 Bordeaux Cedex, Tel. 05 56 01 70 00, www.nouvelle-aquitaine-tourisme.com, ◼ 2, rue de la Loire, B.P. 20411, 44204 Nantes Cedex 2, Tel. 02 40 48 24 20, www.paysdelaloire.de

Klima und beste Reisezeit

Klimatabelle Bordeaux

Monat	Luft (°C) (min./max.)	Sonne (h/Tag)	Regentage	Wasser (°C)
Jan.	2/9	3	16	11
Feb.	2/11	4	13	11
März	4/15	6	13	11
April	5/17	6	13	12
Mai	9/20	7	14	14
Juni	12/24	8	11	16
Juli	14/25	8	11	18
Aug.	15/26	8	12	19
Sept.	12/23	8	13	19
Okt.	8/17	6	14	16
Nov.	5/13	3	15	14
Dez.	3/9	2	17	13

Die Atlantikküste zeichnet sich fast ganzjährig durch **mildes Klima** und sonnenreiche Sommer aus. Dennoch kann es häufig zu Regen kommen, der aber außer im Winter nicht lange anhält. Ab Ende Juni und bis in den September sind die **Wassertemperaturen** mit etwa 20 °C für die meisten Badegäste akzeptabel. In den letzten Jahren gab es in Biarritz bis in den November **Außentemperaturen** von über 25 °C. Die **Hochsaison** mit den meisten Feriengästen fällt aufgrund der Sommerferien in Frankreich in die Zeit von Anfang Juli bis Ende August. Im Hinter land nimmt der Ansturm der Urlauber mit der Entfernung vom Küstenstreifen allmählich ab.

Nachtleben

Die Angebote, sich ins Nachtleben zu stürzen, sind saisonal sehr unterschiedlich. Außer in den größeren Städten, allen voran **Bordeaux**, in denen Bars, Clubs und Diskotheken ganzjährig geöffnet sind, lässt sich in den **Küstenorten** lediglich während der Hauptsaison im Juli und August die Nacht zum Tag machen.

Notfall

Wählen Sie in Notfällen immer die gebührenfreie **europäische Notrufnummer 112**. Unter dieser Nummer erhalten Sie Hilfe von der Polizei, der Feuerwehr, einem Rettungswagen oder einem Notarzt. ADAC Mitglieder können sich in Notfällen auch rund um die Uhr an den **Auslandsnotruf des ADAC** unter Tel. +49/89/222222 wenden. In vielen öffentlichen Gebäuden an belebten Plätzen befinden sich **Defibrilatoren**, die schon beim allerersten Auftreten Herzrhythmusstörungen beenden können. Sie sind durch das Wort »défibrilateur« gekennzeichnet.

- Polizei (»police«): Tel. 17
- Feuerwehr (»pompiers«): Tel. 18
- SOS Médecins (Arzt): Tel. 3624

Öffnungszeiten

In der Regel haben die **Geschäfte** Mo–Sa von 9 bis mind. 19 Uhr geöffnet. Einige kleine Läden schließen mittags, insbesondere abseits der Küsten und außerhalb der Hochsaison. Lebensmittelgeschäfte sind auch So bis 13 Uhr geöffnet, dafür am Mo geschlossen. Einige **Museen** und Denkmäler sind Mo oder Di, am 1. Januar, am 1. Mai und am 25. Dezember geschlossen. Die meisten Museen und **Sehenswürdigkeiten** haben von 10–18 Uhr geöffnet, **Ruhetage** werden im Buch unter den jeweiligen Sehenswürdigkeiten genannt.

Post

Postämter (»bureau de poste«) haben Mo–Fr 8–19 Uhr, Sa 8–12 Uhr geöffnet, in kleineren Orten sind die Postämter über Mittag geschlossen. **Briefmarken** (»timbres«) können auch in Tabakläden gekauft werden (rotes »Tabac«-Schild). Für Briefe und Postkarten innerhalb Europas muss eine Briefmarke im Wert von 1,10 € gekauft werden.

Rauchen und Alkohol

Rauchen ist in Restaurants, Bars und anderen öffentlichen Einrichtungen verboten. **Alkohol** wird an Personen ab 18 Jahren in Bars ausgeschenkt oder in Läden verkauft.

Sicherheit

Bei einem **Verlust** oder einem **Diebstahl** von Ausweispapieren, Kreditkarten und Geld ist dies zunächst bei der örtlichen Polizei (»commissariat de police«) zu melden. Hier werden die entsprechenden Verlust- oder Diebstahlsanzeigen (»déclaration de perte/ de vol«) ausgestellt. Danach kann die Rechts- und Konsularabteilung der Botschaften benachrichtigt werden. Wegen der vielen **Taschendiebe** sollte man Wertsachen zu Hause lassen und Geld möglichst nicht offen zeigen.

Auch die Geldbörse sollte man zugriffssicher aufbewahren. Der sicherste **Parkplatz** ist die Hotelgarage oder das öffentliche Parkhaus. Von einer Übernachtung im Auto auf Raststätten ist generell abzuraten. Hinweise auf die aktuelle **Terrorwarnstufe** gibt das Auswärtige Amt.

Durch den Gezeitenwechsel können starke **Strömungen** entstehen. Auch die **Brandung** an den Surf-Hotspots ist oft gewaltig. Daher unbedingt auf die **Beflaggung** achten: Rot bedeutet absolutes Badeverbot, Gelb Gefahr, aber das Schwimmen ist möglich, Grün heißt Entwarnung.

Souvenirs

Souvenirs, die die Erinnerung an kulinarische Genüsse wachhalten, sind Cognac, der baskische Kräuterlikör Izarra, Bayonner Schinken oder Piment d'Espelette. Auch mit Baskenmützen oder baskischen Stoffen von Tissage de Luz lässt sich zuhause punkten.

Sport

Angeln

Die Internetseite von Entrepecheurs verzeichnet alle **Angelplätze** in Frankreich. Hier wird auch fündig, wer in den Seen im Hinterland der Küste auf Fischfang gehen will: www.entrepecheurs.com. Wer für eine Ferienwoche oder auch nur für einen Tag eine **Lizenz** braucht, findet Informationen unter http://de.cartedepeche.fr. Die Lizenz lässt sich online kaufen und ausdrucken.

Golf

In der Region Nouvelle-Aquitaine und dem Departement Vendée gibt es fast 100 **Golfplätze**, davon eine Vielzahl in Küstennähe und berühmte wie den von Biarritz. Auf den meisten darf man auch ohne Clubmitgliedschaft spielen. Informationen: www.ligue-golf-nouvelle-aquitaine.fr/golfs und für die sieben Plätze im der Vendée www.ligue-golf-paysdelaloire.asso.fr/v3/les-golfs-2.

Wandern

Küstenwanderungen bieten sich an, vor allem auf den im Atlantik gelegenen Inseln. Hier sind es die »sentiers du littoral«, die Küstenpfade, die meist sehr gut gekennzeichnet sind. Rot-weiß markierte Fernwanderwege, die GR (»sentiers de Grande Randonnée«), erschließen das Inland der Region. Hierbei sind die **Wanderkarten** im Maßstab 1:25000 (TOP 25) des Institut géographique national (IGN) nützlich, die vor Ort oder im Internet über http://loisirs.ign.fr bestellt werden können. Vorschläge für **Wanderungen** sind in den Topo-Guides veröffentlicht, z. B. zu Bordeaux, zum Bassin d'Arcachon oder zum Jakobsweg, der durch die Region führt. Wer mehr über das in Frankreich sehr beliebte Wandern erfahren will oder die Topo-Guides bestellen möchte: www.ffrandonnee.fr.

Wassersport

Segeln (»la voile«), **Windsurfen** (»planche à voile«) oder **Surfen** (»le surf«) ist an der gesamten Küste und auf den Inseln möglich und weit verbreitet. Zu Europas Hotspots für Surfer gehören Lacanau-Océan, Hossegor und natürlich Biarritz, wo die Begeisterung der Europäer für diesen Sport ihren Anfang nahm. Informationen: www.surfingfrance.com. Ausführlich über das Segeln informieren kann man sich unter www.ffvoile.fr. Wer direkt einen Club sucht: www.fairedelavoile.fr. Wer auf das **Rudern** (»l'aviron«) im Urlaub nicht verzichten will: http://avironfrance.fr. **Kajak** (»kayak«) oder **Kanu** (»canoë«) kann man auf den vielen Binnenseen im Hinterland der Küste mieten, z. B. auf dem Lac d'Hourtin oder dem Étang de Sanguinet.

Strom und Steckdose

In Frankreich verwendet man **Steckdosen** vom Typ E, die Netzspannung beträgt wie in Deutschland 230 V bei einer Frequenz von 50 Hz. Wer aus der Schweiz oder aus Liechtenstein nach Frankreich einreist, benötigt, anders als Reisende aus Deutschland und Österreich, einen Adapter.

Telefon und Internet

Öffentliche **Telefonzellen** gibt es seit Ende 2017 nicht mehr in Frankreich. Handys (»portable«, »mobile«) funktionieren problemlos. Seit dem 15. Juni 2017 werden innerhalb der EU keine Roaminggebühren mehr erhoben, auch in Frankreich gilt also für deutsche Mobilfunkkunden der Inlandstarif. Tipps zum Mobiltelefonieren in Frankreich: www.teltarif.de/roaming/frankreich/

Internationale Vorwahlen:
- Frankreich 00 33
- Deutschland 00 49
- Österreich 00 43
- Schweiz 00 41

In Cafés und Restaurants gibt es fast immer kostenloses **W-LAN** (»WiFi«). Auch der überwiegende Teil der Hotels bieten heute diesen Service an.

Trinkgeld

In Hotels und Restaurants sind 5–10 % des Rechnungsbetrags als Trinkgeld üblich, doch keineswegs für den Gast verpflichtend, denn Steuern und Bedienung sind eigentlich im Preis enthalten. Ein zufriedener Gast gibt jedoch nach eigenem Ermessen Trinkgeld. Dieses lässt man auf dem Tisch oder Tresen liegen, nachdem man sein Wechselgeld erhalten hat.

Umgangsformen

Zielstrebiges Zusteuern auf einen freien Platz wird in den meisten **Restaurants** nicht gern gesehen: Gäste bekommen einen Tisch zugewiesen! Bei **Bars** und kleinen **Bistros** ist das jedoch nicht der Fall. Will man nur rasch ein Sandwich verspeisen, bietet sich auch der Tresen in einer Bar oder einem Café an – im Stehen isst und trinkt es sich billiger. Die **Rechnung** im Restaurant wird für alle am Tisch ausgestellt, Einzelabrechnungen sind unüblich.

Unterkunft und Hotels

Camping

In Nouvelle-Aquitaine und der Vendée gibt es über 700 **Campingpl**ätze (siehe HPA Guide, https://camping.hpaguide.com). Ein Großteil der Anlagen erfüllt hohe Standards. Ein **Verzeichnis** der Campingplätze erhält man auch bei der Fédération française de camping-caravaning (www.ffcc.fr). Auch www.campingfrance.com/de kann bei der Suche nach einem Campingplatz hilfreich sein. Eine von ADAC Experten geprüfte Auswahl finden Sie im jährlich neu aufgelegten **ADAC Campingführer** sowie im **ADAC Stellplatz-**

führer (www.campingfuehrer.adac.de). Die Inhalte der Bücher gibt es auch als **App** für iPhone, iPad und Android-Geräte in den Appstores von Apple und Google. Achtung: Wildes Campen ist in Frankreich nicht erlaubt!

Ferienwohnungen und -häuser

Wie überall in Frankreich muss während der großen Sommerferien im Juli und August die Unterkunft unbedingt vorab reserviert werden. Die französische **Vermittlungszentrale** Pierre & Vacances bietet Ferienhäuser und -wohnungen auch an der Atlantikküste an (www.pierreetvacances.com/de). P&V unterhält sogar ganze Feriendörfer. Von der privaten Ferienwohnung bis hin zur luxuriösen Villa reichen die Angebote bei **Airbnb** (http://de.airbnb.com). Zusätzlich sollte man auch bei **Interchalet** (www.interchalet.de) suchen. Weitere gute Angebote gibt es unter www.fewo-direkt.de. Eine authentische und oft charmante Art der Unterkunft sind Gästezimmer, Wohnungen oder ganze Ferienhäuser mit Familienanschluss, die in Frankreich als »**gites**« bekannt sind (https://de.gites-de-france.com). Wer Urlaub auf dem **Bauernhof** mit guter Küche sucht, der wird fündig unter www.bienvenue-a-la-ferme.com

Hotels und Pensionen

Außer über die Verzeichnisse der örtlichen Tourismusbüros lassen sich auch im Internet **Hotels** oder **Pensionen** auffinden. Hier hilft meist die Suche nach Region oder Departement (Gironde, Landes, Pyrénées-Atlantique, Vendée etc.). Hotels aller Preisklassen werden unter http://fr.federal-hotel.com angeboten. Gutbürgerliche Hotels mit Tradition firmieren unter dem Label **Logis de France** (www.logishotels.com/de). Auf der Suche nach sehr ruhig gelegenen Unterkünften wird man unter www.relaisdusilence.com fündig. Kleine Hotels mit viel Charme und meist familiär geführt sind unter www.iguide-hotels.com aufgelistet. Sehr stilvolle Häuser bietet www.chateauxhotels.de. Für besonders hohe Ansprüche kommen elegante Hotels in meist historischen Gebäuden infrage, zu finden unter www.relaischateaux.com/de

Jugendherbergen

Wer einen internationalen Jugendherbergsausweis besitzt, kann in Aquitanien in den »**Auberges de Jeunesse**« von Biarritz, La Rochelle, Poitiers und Saintes übernachten. Eine Übernachtung kostet zwischen 25 und 30 €, Frühstück eingeschlossen. Informationen gibt es beim französischen Jugendherbergsverband **Fédération Unie des Auberges de Jeunesse** (www.fuaj.org) und natürlich beim **internationalen Verband** (www.hihostels.com/de).

 Verkehrsmittel im Land

Bahn

Mit der Bahn sind nur die wenigsten Orte am Atlantik untereinander verbunden. So führt eine **Nebenstrecke** von La Rochelle über Rochefort und Saintes nach Bordeaux. Weitere Verbindungen sind Saintes nach Royan und Cognac oder von Bordeaux hinauf ins Médoc oder in Richtung St-Émilion. Im Baskenland existiert noch die Nebenstrecke von Bayonne nach Combo-les-Bains. Die **TGV-Hauptstrecke** verbindet, von Paris kommend, Poitiers mit Bordeaux, Dax und dem Baskenland. Informationen und Fahrpläne: https://de.oui.sncf

Bus

Regionale Busnetze fangen das recht spärliche Angebot der Bahn auf. Auf www.transbus.org/reseaux/regions.html lässt sich das Netz der Busverbindungen der einzelnen Regionen überblicken. Geordnet nach den einzelnen Departements werden alle Anbieter mit Internetadressen aufgelistet wie z. B. für das Departement Gironde: http://transgironde.gironde.fr, Landes: www.rdtl.fr und das Baskenland: www.transports64.fr. **OuiBus** bietet auch günstige Fahrten an, die etwa La Rochelle mit Bordeaux (tgl.), Bayonne oder Poitiers verbinden (www.ouibus.com). Gleiches gilt für den **Flixbus** (www.flixbus.de).

Fähre

Zur Abkürzung langer Fahrtstrecken etwa vom oder ins Médoc (an der Girondemündung oder von Blaye aus) sind Autofähren nützlich. **Personenfähren** setzen zu den Inseln über, die keine Brückenverbindung haben (Île d'Yeu, Île d'Aix), zum Phare de Cordouan oder zum Cap Ferret ab Arcachon (Infos unter dem Eintrag).

Fahrrad

Für die Entdeckung der Atlantikküste ist das Fahrrad ideal. Räder lassen sich in den meisten Küstenorten **mieten** und sind v. a. auf Inseln wie Île d'Yeu und Île d'Aix die beste Möglichkeit zur Erkundung. Von der Île de Noirmoutier bis zur spanischen Grenze gibt es größtenteils **Fahrradwege** (»pistes cyclables«). Die über 700 km lange Strecke ist gut bis sehr gut erschlossen. Diese Wege werden als »voies vertes«

bezeichnet. Einzelne Streckenabschnitte sind im Internet genau dokumentiert: www.voiesvertes.com oder www.francevelotourisme.com. Eingebunden in ein europaweites Fahrradstreckennetz gehört der französische Abschnitt (La Vélodyssée) entlang der Atlantikküste zur Strecke EuroVelo 1, der geplanten Verbindung von Skandinavien bis zur Algarve (www.eurovelo.com/de). Unter www.velodyssey.com (frz., engl.) finden sich **Kartenmaterial** und Infos zu **Fahrradvermietern**.

Mietwagen

Zahlreiche nationale und internationale **Leihwagenfirmen** sind an den größeren Bahnhöfen und Flughäfen vertreten. Eine **Online-Buchung** im Voraus ist v. a. in der Hochsaison empfehlenswert und spart Kosten. Für Mitglieder bietet die **ADAC Autovermietung** (www.adac.de/autovermietung) günstige Konditionen.

Taxi

Eine Taxifahrt ist nur in Städten wie Bordeaux, Poitiers oder Bayonne problemlos zu organisieren, da es hier **Taxistände** gibt. Auf dem Land sind örtlicher Taxiunternehmen (und deren Preise) im **Tourismusbüro** zu erfragen.

Zollbestimmungen

Reisebedarf für den persönlichen Gebrauch unterliegt innerhalb der EU keinen Beschränkungen und darf abgabenfrei eingeführt werden. Richtmengen für privaten Verbrauch: 800 Zigaretten (4 Stangen) oder 1 kg Tabak, 10 l Spirituosen, 10 l Alkopops, max. 90 l Wein, davon 60 l Schaumwein, 110 l Bier, 10 kg Kaffee (www.zoll.de, App: Zoll und Reise, Österreich: www.bmf.gv.at/zoll).

Die Geschichte der französischen Atlantikküste

1000–600 v. Chr. Kelten erobern das heutige Frankreich bis zur Atlantikküste.

52 v. Chr. Die südliche Atlantikküste wird Teil der römischen Provinz Aquitania.

6. Jh. Vasconen, Vorfahren der Basken, lassen sich nördl. der Pyrenäen nieder.

7. Jh. Aquitanien, formal dem fränkischen Herrscher unterstellt, entwickelt sich zu einem souveränen Herzogtum.

732 Karl Martell besiegt die Araber bei Tours und Poitiers, nachdem sie von Spanien bis zur Loire vorgedrungen waren.

10. Jh. Hunderttausende Pilger ziehen über die Pyrenäen zum Grab des Apostels Jakobus nach Galizien.

1137 Herzogin Eleonore von Aquitanien heiratet den französischen Thronfolger und späteren Ludwig VII.

1152 Eleonore heiratet Heinrich II. Plantagenet. Als engl. König dehnt dieser sein Reich bis an die Pyrenäen aus.

1154–1453 England herrscht über drei Jahrhunderte hinweg über Aquitanien.

1338 Beginn des Hundertjährigen Krieges um die französische Krone. Jeanne d'Arc entfacht den Patriotismus der Franzosen und führt Karl VII. zur Krönung nach Reims.

1453 Am Ende des Krieges fällt Aquitanien wieder an Frankreich.

1562 Die verheerenden Glaubenskriege zwischen französischen Protestanten und Katholiken beginnen.

1572 In der Bartholomäusnacht werden Tausende von Protestanten ermordet.

1593 Heinrich IV. tritt zum Katholizismus über, wird französischer König und gewährt Glaubensfreiheit in Städten wie La Rochelle.

1660 Ludwig XIV. heiratet die spanische Infantin in St-Jean-de-Luz.

17. Jh. Ludwig XIV. lässt durch Vauban an der Atlantikküste Festungen gegen die englische Bedrohung errichten.

14. Juli 1789 Mit dem Sturm auf die Bastille beginnt die Frz. Revolution.

1799 Napoleon Bonaparte ernennt sich zum ersten Konsul der frz. Republik und krönt sich später zum Kaiser.

1848 Die Februarrevolution bringt den Neffen Napoleons an die Staatsspitze. Er wird 1851 zu Kaiser Napoleon III.

1870/71 Im Deutsch-Französischen Krieg wird Bordeaux Regierungssitz.

1876 Der Weinbau im Bordelais stürzt durch die Reblausplage in eine Krise.

1940–1944 Die deutsche Wehrmacht besetzt die Atlantikküste. Bei Kriegsende wird Royan zerstört.

1998 Zahlreiche Baudenkmäler entlang dem Jakobsweg werden zum Weltkulturerbe der UNESCO erklärt.

2017 Emmanuel Macron (La République en Marche!) wird Staatspräsident.

»Die Schlacht von Poitiers«, Gemälde von Carl von Steuben, 1837

Französisch für die Reise

Das Wichtigste in Kürze

Ja/Nein	*Oui/Non*
Bitte/Danke	*S'il vous plaît/Merci*
Hallo!/Auf Wiedersehen!	*Salut!/Au revoir!*
Guten Morgen!/Guten Tag!	*Bonjour!*
Guten Abend!/Gute Nacht!	*Bonne nuit!*
Mein Name ist ...	*Je m'appelle*
Entschuldigung!	*Pardon!/Excuse(z)-moi!*
Achtung!/Vorsicht!	*Attention!*
Ich verstehe Sie nicht.	*Je ne vous comprends pas.*
Wie viel kostet das?	*Cela coûte combien?*
Damen/Herren	*femmes/hommes*
geöffnet/geschlossen	*ouvert/fermé*
gestern/heute/morgen	*hier/aujourd'hui/demain*
Wie viel Uhr ist es?	*Quelle heure est-il?*
Wo ist …?	*Où se trouve …?*
Wie weit ist ...?	*A quelle distance d'ici se trouve-t-il?*
Ist das der Weg nach …?	*Est-ce que c'est le chemin pour …?*
Nord/Süd/West/Ost	*nord/sud/ovest/est*
Ich möchte … ...	*Je voudrais …*
Die Rechnung, bitte	*L'addition, s'il vous plaît*
Restaurant	*restaurant*
Auto	*voiture*
Super/bleifrei/Diesel	*super/sans plomb (=SP)/gasoil*
Tankstelle	*station d'essence*
Panne	*panne*
Hilfe!	*Au secours!*
Fahrrad	*bicyclette*
Bahnhof	*gare*
Busbahnhof	*gare de bus*
Flughafen	*aéroport*
Ausweis	*carte d'identité*
Bank/Geldautomat	*banque/distributeur de billets*
Arzt	*médecin*
Apotheke	*pharmacie*
Lebensmittelgeschäft	*épicerie*
Tourismusbüro	*office de tourisme*

Wochentage

Montag	*lundi*
Dienstag	*mardi*
Mittwoch	*mercredi*
Donnerstag	*jeudi*
Freitag	*vendredi*
Samstag	*samedi*
Sonntag	*dimanche*

Zahlen

1	*un*	8	*huit*
2	*deux*	9	*neuf*
3	*trois*	10	*dix*
4	*quatre*	11	*onze*
5	*cinq*	12	*douze*
6	*six*	100	*cent*
7	*sept*	1000	*mille*

Hinweise zur Aussprache

ai	wie ›ä‹, Bsp.: lait
au	wie ›o‹, Bsp.: auto, gauche
eu	wie ›ö‹, Bsp.: peu, deux
ou	wie ›u‹, Bsp.: rouge
ue	wie ›ü‹, Bsp.: rue, avenue
c	vor ›e‹ und ›i‹ wie ›s‹, Bsp.: ce, cide
c	vor ›a‹ und ›o‹ wie ›k‹, Bsp.: cabinet, compagnie
ch	wie ›sch‹ Bsp.: chips
h	am Wortanfang ist immer stumm, Bsp.: hommage
g	vor ›e‹ und ›i‹ wie ›dsch‹, Bsp.: gentille, gilet
gn	wie ›nj‹, Bsp.: cognac, agneau
p, s, t	am Wortende meist stumm, Bsp.: trop, très, mot
-tion	bei dieser Silbe ›t‹ wie ›s‹, Bsp.: nation
q, qu	wie ›k‹, Bsp.: coq, qui
v	wie ›w‹, Bsp.: vie
z	wie ›s‹, Bsp.: zéro

Alle Blickpunkt-Themen in diesem Band:

Register

Bildnachweis

Titel: Biarritz mit altem Fischerhafen und der Kirche Ste-Eugénie, Baskenland, Frankreich.
Foto: **Alamy** (P. v. Munster)
Rücktitel: links: **Shutterstock.com** (Delpixel); rechts: **Shutterstock.com** (Oscity)

AWL Images: W. Bibikow 31; J. Warburton-Lee 65.1 – **Fotolia:** k. rtten 5.2; J. Hilfiger 6.2; lili.b 45.2; gimsan 79; lamio 117 – **gemeinfrei:** 136 – **Getty Images:** Photononstop 69 – **Huber Images:** C. Warren 25; Spiegelhalter 82/83; L. Vaccarella 111 – **La Cité du Vin:** Anaka/XTU architects 5.1 – **La Fabrique:** G. Delacuvellerie 88 – **laif:** E. Martin/Le Figaro Magazine 51; H. Lenain/hemis.fr 61; Prignet/Le Figaro Magazine 73; P. Jacques/hemis.fr 92, 119 – **Lookphotos:** stravelstock44 23; age fotostock 27, 40; Photononstop 41, 76, 99, 100; travelstock44 42; SagaPhoto 70; B. Merz 97 – **mauritius images:** J. Alba/Alamy 13.3; travelstock44/Alamy 14/15; S. Finn/Alamy 17.1; Roussel Images/ Alamy 18/19; P. Karlsson/Alamy 28; K. Neuner 32; G. Prentice/Alamy 33; P. Turpin/Onoky 37; H. Maun- der/Alamy 45.1; H. Lenain/Hemis.fr 52; L. Vallecillos/Alamy 56; P. Titmuss/Alamy 59; E. Bouloumie/ hemis.fr 80; C. Bosworth/Alamy 84; Marcel/Alamy 91.1; P. Holden/Alamy 102; E. Lattes/Alamy 106; J. Elk III/Alamy 109; S. Gérard/Alamy 114; J. Loic/Onoky 144 – **Shutterstock.com:** A. Demyanenko 4/5; A. Pakutina 6.3; Oscity 8/9; S. Bidouze 9, 65.3; Delpixel 10.1, 10.2, 128; Picturereflex 11.2; saranya33 11.3; Crobard 12.2; F. Monteil 12.3; H. Sadura 26; Arthur R 34; Y. Morin 38; Walencienne 46/47; Sasha64f 55, 95; O. Bakhirev 66/67; M. Lemahieu 81; Evgeny Shmulev 87; jx1306 98; B. Cerovsek 105.1; sylv1rob1 105.2; Irantzu Arbaizagoitia 105.3 – **stock.adobe.com:** guitou60 62

Impressum

Herausgeber: GRÄFE UND UNZER VERLAG GmbH, Postfach 86 03 66, 81630 München
Leitender Redakteur: Benjamin Happel
Autor: Jonas Fieder
Verlagsredaktion: Nadia Turszynski (verantw.), Nora Köpp, Gernot Schnedlitz, Katja Tegler
Lektorat: Kirsten Gleinig
Satz: Anja Linda Dicke, www.bintang-berlin.de
Bildredaktion: Tobias Schärtl
Schlusskorrektur: Katharina Grimm, Julia Niehaus
Reihengestaltung: Eva Stadler
Kartografie: Kunth Verlag GmbH & Co. KG, München
Herstellung: Mendy Willerich
Druck: Drukarnia Dimograf Sp z o.o. (Polen)

Ansprechpartner für den Anzeigenverkauf:
KV Kommunalverlag GmbH & Co. KG, MediaCenter München,
Tel. 089/928 09 60

Ein Unternehmen der
GANSKE VERLAGSGRUPPE

ISBN 978-3-95689-444-2
1. Auflage 2018

© 2018 GRÄFE UND UNZER VERLAG GmbH, München
ADAC Reiseführer Markenlizenz der ADAC Verlag GmbH & Co. KG, München

Leserservice
adac@graefe-und-unzer.de
Tel. 00800/72 37 33 33 (gebührenfrei in D, A, CH)
Mo–Do 9–17 Uhr, Fr 9–16 Uhr

Bei Interesse an maßgeschneiderten B2B-Produkten:
gabriella.hoffmann@graefe-und-unzer.de

ADAC

Hier beginnt der Urlaub.

Gut informiert. Besser reisen.

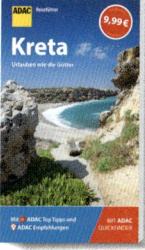
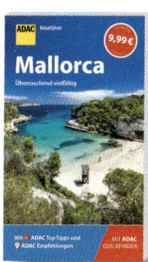

Weitere Titel finden Sie überall, wo es Bücher gibt, und auf adac.de/shop.

Unterwegs an der französischen Atlantikküste

Bahn oder Auto?

Abgesehen von den größeren Städten sind nur die wenigsten Orte an der Atlantikküste per Bahn erreichbar. Für die Entdeckung der Vendée, der Küsten des Médoc und des Landes sollte man mit dem Auto unterwegs sein.

■ Details auf S. 134, 135

Faire du vélo: Fahrradfahren

Es wird sicher keine Odyssee, wenn man der »Velodyssée« nach Süden folgt. Fast immer mit Meerblick ist diese Küstenradstrecke in Tagestouren aufgeteilt, die große Entdeckungen versprechen.

■ Details auf S. 135

Autorikscha Tuk Tuk

Bei oft sommerlichen Temperaturen und leichter Brise sind asiatische Tuk Tuks genau das richtige Fortbewegungsmittel. Die dreirädrigen Originalgefährte von »Pays Basque Tuk Tuk« rollen gemächlich durchs Baskenland und nehmen bis zu sechs Personen für Ausflüge mit an Bord.

■ Details auf S. 108

Heißluftballon

Der Winzer François Pont ist seit 20 Jahren begeisterter Heißluftballonfahrer. Bei St-Émilion kann man in seine »mongolfière« steigen und die hügelige Landschaft zwischen Dordogne und Garonne aus der Vogelperspektive erleben.

■ www.bordeaux-montgolfiere.fr

Privattaxi

In einem typischen Londoner Taxi durch die Weinberge von Bordeaux fahren? Wine-Cab macht's möglich – mit Fotostopps, Halt bei Picknickplätzen oder Weinschlössern und Weinverkostung im Taxi.

■ www.wine-cab.com